Tania Kambouri

Deutschland im Blaulicht

Tania Kambouri

DEUTSCHLAND IM BLAULICHT

NOTRUF EINER POLIZISTIN

PIPER
München Berlin Zürich

Mehr über unsere Autoren und Bücher:
www.piper.de

Sämtliche in diesem Buch geschilderten
Fallbeispiele beruhen auf wahren Begebenheiten.
Zur Wahrung von Persönlichkeitsrechten wurden Namen,
Örtlichkeiten sowie einige andere Details so verändert,
dass sie nicht nachverfolgbar sind. An der Aussagekraft
ändern die vorgenommenen Eingriffe nichts.

ISBN 978-3-492-06024-0
9. Auflage 2016

Unter Mitarbeit von Steffen Geier
Satz: Fotosatz Amann, Memmingen
Gesetzt aus der Utopia
Druck und Bindung: CPI books GmbH, Leck
Printed in Germany

INHALT

VORWORT

Die Leitstelle schickte meine Kollegin und mich nach Bochum-Hamme. Als Kind habe ich viel Zeit in dieser Gegend verbracht, habe Freunde zum Spielen getroffen – heute gehe ich dort nur noch hin, wenn ich muss. Kleine alteingesessene Läden wurden nach und nach geschlossen, das Viertel ging im Lauf der Jahre immer weiter den Bach runter, und jeder, der die Möglichkeit dazu hatte, zog in bessere Stadtteile oder gleich ganz weg. Keine besonders einladende Gegend im Bezirk Bochum-Mitte. Bereits in meiner Kindheit wohnte hier eine Vielzahl von Ausländern, überwiegend Türken. Natürlich gab es unter uns Kindern hin und wieder auch mal Gerangel, und einmal wurde ich dort sogar von einer Bande türkischer Kinder auf meinem Fahrrad angegangen, damals ein Einzelfall. Aber so weit dachte ich bei unserem Einsatz gar nicht, das sind Erinnerungen, die beim Schreiben auftauchen. Wenn ich heute in diesen Stadtteil komme, geht es oft um Schlimmeres.

Ein Mann hatte den Notruf gewählt und um Hilfe gebeten. Er habe irgendwelche Personen auf einem Balkon wiedererkannt, es blieb allerdings unklar, was genau sie gemacht haben sollten oder was der Anrufer ihnen vorwarf. Und ehrlich gesagt, haben wir auch nicht herausgefunden, wie und wobei wir dem Mann hätten helfen können. Er erwartete uns bereits, als wir in die kleine Straße bogen und auf der gegenüberliegenden Straßenseite hielten. Als er uns sah, winkte er und wurde sofort laut: »Warum parkt ihr da drüben? Ich bin hier. Kommt endlich her.«

Der Mann war zweifelsfrei sehr aufgebracht, und es dauerte nicht lange, bis meine Kollegin und ich feststellten, dass er nicht etwa wütend war, weil ihm Schlimmes widerfahren wäre, sondern weil die Polizei so unverschämt war, ihm zwei Frauen zu schicken. Er war, wie sich herausstellte, ein türkischer Mitbürger.

Ich sagte ihm, dass er etwas höflicher mit uns Polizisten sprechen solle, wenn er unsere Hilfe in Anspruch nehmen wolle. Seine Antwort: »Geht weg, ich brauche eure Hilfe nicht!«

Es ist in solchen Fällen immer schwierig abzuwägen, wo im Rahmen der geforderten Verhältnismäßigkeit unserer Maßnahmen eine Grenze überschritten wird – doch in diesem Fall war es eindeutig: Der Mann wollte uns nicht sagen, warum er die Polizei gerufen hatte, er reagierte nicht auf unsere Fragen. Also fuhren wir zunächst weiter, hielten uns aber in der Nähe auf, falls er es sich noch einmal anders überlegen sollte und die Angelegenheit eventuell doch wichtiger war als das Ärgernis zweier Frauen in Uniform. Kaum hatte ich der Leitstelle den Vorfall gemeldet, rief der Mann dort ein zweites Mal an und verlangte, dass männliche Polizisten zu ihm geschickt werden sollten. Die würden besser arbeiten.

Die Leitstelle hielt Rücksprache mit uns, und wir waren uns einig, dass meine Kollegin und ich erneut zu ihm fahren würden. Wir waren uns auch einig, dass wir den Einsatz beenden würden, falls sich der Mann weiterhin weigern sollte, sich von zwei Frauen helfen zu lassen. Die Polizei zu rufen ist kein Wunschkonzert. Wenn jemand das anders sieht, zählt auch Aufklärungsarbeit zu unseren Aufgaben. Wieder am Einsatzort fragte ich ihn also in ruhigem Ton, ob wir jetzt vernünftig miteinander reden könnten. Und was geschah? Er schrie uns an, was das jetzt schon wieder solle, er hätte Männer verlangt.

Wir zögerten keine Sekunde und fuhren davon. Einsatzende.

Mir ist bewusst, dass diese Szene für einen Außenstehenden, der keine Einblicke in die tägliche Polizeiarbeit hat und die Vorgeschichte dieses Einsatzes nicht kennt, auf den ersten Blick befremdlich wirken kann: der arme hilfesuchende türkische Mitbürger und die herzlose, vielleicht sogar rassistische deutsche Polizei. In Wahrheit frustrieren uns genau solche Einsätze wahrscheinlich mehr als die »Hilfesuchenden«, die sich in ihrem archaischen Weltbild nur ein weiteres Mal bestätigt sehen. Es sind Einsätze wie dieser, die immer mehr zum Normalfall für mich werden. Dabei sind sie alles andere als normal – sie überschreiten mehr als eine Grenze: kein Respekt vor Frauen, kein Respekt vor der Polizei, kein Respekt vor dem Staat, in dem wir leben. Waren es vor Jahren noch Einzelfälle, die Kopfschütteln und Empörung bei mir und meinen Kollegen auslösten, werden sie heute zur Kenntnis genommen wie der Wetterbericht. Trauriger Alltag, nicht nur in Bochum.

Der geschilderte Fall ist bei Weitem nicht der schlimmste, sondern lediglich guter Durchschnitt. Ich habe ihn bewusst ausgewählt, denn es geht mir hier nicht um die spektakulärsten Kriminalfälle meiner Karriere, sondern um das, was ich jeden Tag im Dienst (und auch privat) erlebe und beobachte, was ich erleben und beobachten *muss*. Ich muss Sie vorwarnen: Es ist kein schönes Bild, das sich da abzeichnet. Es ist beunruhigend – im besten Fall –, teilweise ist es auch beängstigend. Und ich befürchte, es wird nicht besser. Von alleine erst recht nicht.

Nicht umsonst heißt dieses Buch *Deutschland im Blaulicht – Notruf einer Polizistin:* Die Zunahme von Respektlosigkeit und Aggressivität in unseren Städten ist mehr als auffällig. Und man kommt nicht um die Feststellung herum, dass sich straffällige[1] Personen mit Migrationshintergrund[2], vor allem junge Männer aus muslimisch geprägten Ländern, dabei besonders hervortun. Das soll keine Pauschalverurteilung sein und schon gar keine rassistische Vorverurteilung aufgrund der Herkunft oder des Glaubens, aber es ist schlichtweg eine Tatsache, dass manche Bevölkerungsgruppen bei bestimmten Verhaltensmerkmalen und Straftaten auffallend überrepräsentiert sind. Es wird in diesem Buch deshalb viel um Menschen gehen, die ihre familiären Wurzeln in der Türkei und im Nahen Osten haben und vorwiegend muslimisch geprägt sind. Auch

---

1 Als straffällig werden nicht nur Personen bezeichnet, die Straftaten im engeren Sinne begehen, sonst wären rein juristisch beispielsweise strafunmündige Kinder nicht umfasst. Es sind deshalb auch alle Personen gemeint, die sich ordnungswidrig oder in sonstiger Weise strafrechtlich auffällig verhalten.

2 Per Definition ist der Migrationshintergrund ein Ordnungskriterium einer Bevölkerungsgruppe oder von Einzelpersonen, die nach 1949 in die Bundesrepublik immigriert beziehungsweise Nachkommen dieser Einwanderer sind, also auch die zweite, dritte und alle weiteren Generationen.

Osteuropäer und Sinti und Roma werden eine Rolle spielen. Natürlich begehen auch Bürger ohne Migrationshintergrund Straftaten. Die erste Frage lautet jedoch immer, warum es zu einer Straftat kam und wie man sie in Zukunft verhindern kann. Und wenn der Migrationshintergrund bei der Beantwortung dieser Fragen von Bedeutung ist, wird er erwähnt. Dann darf er meiner Meinung nach auch nicht verschwiegen oder kleingeredet werden.

Respektlosigkeit und Aggressivität nehmen nicht einfach nur zu, ich behaupte sogar, das archaische Recht des Stärkeren wird immer mehr zur Realität auf unseren Straßen. Es gibt Ecken in Bochum, in die fahren wir als Polizei bei manchen Einsätzen, insbesondere zu bestimmten Tageszeiten, nicht mehr mit einem einzelnen Wagen – vorausgesetzt, die Kapazitäten lassen es überhaupt zu. Oft begeben wir uns selbst in Gefahr, weil wir mit zu wenigen Einsatzfahrzeugen eintreffen. Viele meiner Kollegen haben schon abgestochene Autoreifen und noch schlimmere Attacken bis hin zum Schusswaffengebrauch erlebt.

Und was für Bochum gilt, gilt für viele andere deutsche Großstädte natürlich in gleicher Weise. Die Berichte von Kollegen bestätigen das regelmäßig. Und da seit Jahren immer mehr Menschen die ländlichen Gegenden verlassen und die Städte wachsen und wachsen, zeigen uns unsere Großstädte schon heute die wichtigsten Schwachpunkte von morgen. Und zwar nicht nur bei Energieverbrauch, Infrastruktur und Mobilität, sondern vor allem auch beim Thema Integration.

Mein Anliegen ist es daher, auf Missstände hinzuweisen, die mir als Polizistin und auch ganz normale Bürgerin seit Jahren immer stärker auffallen, die mich stören und beunruhigen. Dabei werde ich den Finger in so manche Wunde legen (müssen), auch wenn mir bewusst ist, dass der Grat manchmal schmal ist, gerade bei diesem Thema: Viele meiner deutschen Kollegen bestätigen mir, dass sie sich oft nicht trauen, das Verhalten von Menschen mit Migrationshintergrund in der Öffentlichkeit zu kritisieren. Sehr schnell würde einem das als Fremdenfeindlichkeit oder Islamophobie ausgelegt, gerade in Deutschland. Dann schweigt man lieber. Es geht mir aber wie gesagt nicht um Provokation, schon gar nicht um das Schüren von Ressentiments oder die pauschale Verurteilung einzelner Bevölkerungsgruppen. Ich bin in Deutschland geboren und aufgewachsen, und ich bin Griechin, habe die doppelte Staatsbürgerschaft. Mit Ausländerfeindlichkeit und Rassismus habe ich nichts am Hut. Das ist das Schlimmste, was ich mir vorstellen kann - ich weiß, wovon ich rede, denn ich habe es selbst schon erlebt, von verschiedenen Seiten.

Das Thema liegt mir deshalb besonders am Herzen - es geht mir nicht um meine Person, es geht mir um die Sache. Und da ich als Frau, als Polizistin und mit meinem griechischen Migrationshintergrund drei Perspektiven vereine und dadurch Einblicke habe, die vielen anderen Bürgern verwehrt sind, sehe ich mich fast schon in der Pflicht, das Thema zur Sprache zu bringen. Nicht zuletzt, weil ich die Erfahrung gemacht habe, dass viele meiner Mitmenschen sich gar nicht bewusst sind, was um sie herum alles passiert. Als Polizistin sehe ich immer wieder Dinge, die sich viele Mitbürger nicht vorstellen können. Gerade für problematische Entwicklungen kann die Polizei mit ihren Erfahrungen in Problembereichen wie ein Seismograf funktionieren. Wir erkennen oftmals frühzeitig, was für große

Teile der Bevölkerung noch nicht zu erahnen ist. Meine Erkenntnisse, gerade in Bezug auf das drängende Thema der Integration, möchte ich deshalb in diesem Buch mit der Öffentlichkeit teilen.

Manche Dinge kann die normale Bevölkerung nicht sehen – andere *will* sie nicht sehen. Da dieses Wegsehen ein Teil des Problems ist, werde ich mich nicht nur mit den Migranten, sondern auch mit Politik, Justiz und Polizei und der Gesellschaft als Ganzes beschäftigen. Keiner darf länger die Augen davor verschließen: Es ist nicht das Problem von »denen«, ganz gleich, wer damit gemeint sein soll.

Es sind mittlerweile nicht mehr nur einzelne Vorkommnisse, die mir und meinen Kollegen Sorge bereiten. Dann wäre die Frage der Schuld wahrscheinlich auch schnell geklärt. Nein, es ist eine breitere, eine grundlegendere Entwicklung zu erkennen, die sich auf die gesamte Gesellschaft auswirkt. Ich lehne mich nicht aus dem Fenster, wenn ich behaupte, dass sich Parallelgesellschaften mit festen Strukturen herausgebildet haben, die bereits heute nicht mehr einfach aufzulösen sind. Wir haben – als Gesellschaft, als Polizei, als Justiz, nicht zuletzt die Politik – so lange tatenlos zugeschaut, dass uns heute teilweise gar nichts anderes mehr übrig bleibt, als tatenlos zuzuschauen, wenn wir nicht schnell und konsequent handeln. Der eingangs geschilderte Fall ist nur ein Beispiel von vielen. Traurig, aber wahr: Sogar als Polizistin muss ich erleben, dass wir in bestimmten Situationen immer hilfloser werden. Auch von diesen werde ich offen und ehrlich berichten.

Zwei Entwicklungen fallen in den letzten Jahren besonders auf. Zum einen, dass unsere Klientel immer jünger wird – das Problem wächst sich also nicht aus, im Gegenteil: Es verfestigt und verbreitet sich. Zum anderen muss man feststellen, dass die Schwierigkeiten nicht nur zahlenmäßig zunehmen, sondern auch in ihrer Intensität. War der eingangs erwähnte Einsatz fast noch ein harmloser Fall von Respektlosigkeit, entladen sich viele Spannungen zunehmend heftig – nach meinen persönlichen Erfahrungen vor allem bei straffälligen Personen aus dem muslimischen Kulturkreis. Jederzeit drohen Situationen zu eskalieren, selbst bei kleinsten Anlässen, meist absolut unvorhersehbar.

Klar, das gehört doch alles zum Beruf der Polizistin dazu, könnte man einwenden. Aber die Missstände sind über die letzten Jahre stellenweise so massiv geworden, dass es höchste Zeit wird, etwas zu ändern. Es wird sogar höchste Zeit, *einiges Grundlegendes* zu ändern. Falls wir das unterlassen, uns stattdessen noch länger von Sozialromantikern und Kulturrelativisten blenden lassen oder die Probleme weiterhin nur halbherzig angehen, steht unsere Gesellschaft vor einer inneren Zerreißprobe. Das ist weder polemisch noch populistisch zu verstehen, schließlich sind die Spannungen zwischen Migranten, Flüchtlingen und Einheimischen eine der größten sozialen und politischen Herausforderungen weltweit, gerade wenn auch noch religiöse Weltanschauungen ins Spiel kommen.

Es ist ein globales Phänomen, das sich natürlich auch bei uns abzeichnet, schließlich sind wir seit Jahrzehnten ein Einwanderungsland. Ich sehe (nicht zuletzt aufgrund meines eigenen Migrationshintergrunds) die große Dimension des Themas, aber als ganz normale Polizistin und Bürgerin in Deutschland beschäftigt mich natürlich vor allem, wie es sich direkt vor unserer Haustür äußert. Deshalb richtet sich dieses Buch als Appell an alle, die in diesem Land leben: Mitbürger und Migranten, Politiker und Polizisten, Richter und Lehrer, Eltern und Kinder, Journalisten und Medienvertreter, Arbeitnehmer und Arbeitslose, Gläubige und Atheisten, kurz: die ganze Gesellschaft und die Gesellschaft als Ganzes. Es hat keinen Zweck, immer nur den Schwarzen Peter an die nächste Gruppe weiterzugeben (»Die Migranten sind schuld«, »Die Polizei ist schuld«, »Die Politik ist schuld« etc.).

Natürlich ist mein Blick geprägt von meinen Erlebnissen als Polizistin, insbesondere seit ich als Streifenpolizistin im Ruhrgebiet arbeite. Es ist nicht nur die am dichtesten besiedelte Region, hier leben deutschlandweit auch die meisten Migranten. Was ich dort Tag für Tag an Pöbeleien, Beleidigungen und kriminellem Verhalten erlebe – gegenüber uniformierten Beamten, gegenüber Frauen und ganz allgemein –, hat ein Ausmaß angenommen, das ich nicht länger akzeptieren kann und will.

Es geht also zunächst um eine allgemeine Respektlosigkeit, die aus meiner Sicht vielerorts um sich greift. Aber daraus erwachsen Folgen, die die Gesellschaft als Ganzes betreffen. Und deshalb geht es in einem weiteren Schritt um die Missachtung von Grundgesetz und Menschenrechten, um in jeder Hinsicht autarke Parallelstrukturen, um abhandengekommenen Integrationswillen, aber auch um Wegschauen, Verdrängen, Ignorieren und um Hilflosigkeit. Ich will, dass wir etwas dagegen unternehmen, weil es sonst nur noch schlimmer wird. Es ist nicht mein Anliegen, einfach nur zu jammern und meinen Frust abzubauen. Im Gegenteil: Ich möchte dazu beitragen, ein für viele beängstigendes Problem klar anzusprechen, Ursachen zu benennen und zu einer gemeinsamen Lösung zum Besten aller beizutragen.

Ich habe mir genau aus diesem Grund schon einmal Luft verschafft, indem ich einen Leserbrief an die *Deutsche Polizei*, die Zeitschrift der Gewerkschaft der Polizei, geschrieben habe. Das war im Oktober 2013, erschienen ist der Brief dann in der Novemberausgabe (im Wortlaut im Anhang zu finden) – also etwa zwei Jahre vor Erscheinen dieses Buches. Das Feedback war gewaltig, mein Postfach quoll buchstäblich über, die Reaktionen meiner Kollegen von der Nordseeküste bis zum Alpenrand waren zu 99 Prozent positiv, die Erleichterung war förmlich zu spüren: Endlich redet mal jemand Tacheles. Denn viele meiner deutschen Kollegen trauen sich nicht, zum Thema »straffällige Personen mit Migrationshintergrund« klar Stellung zu beziehen oder überhaupt etwas zu äußern, aus Angst davor, in die rechte Ecke gestellt und als Rassist abgestempelt zu werden. Die *political correctness* ist hierbei ohne Zweifel zu einer Fußfessel geworden – nicht nur für Polizisten, aber für die offensichtlich in besonderem Maße.

Umso erleichterter waren viele meiner Kollegen, dass es mir als Griechin möglich war, den Finger in die Wunde zu legen, ohne in den Verdacht zu geraten, ausländerfeindliches Gedankengut verbreiten zu wollen. Denn das Thema »straffällige Personen mit Migrationshintergrund« ist nicht nur bei der Polizei, sondern in der ganzen Gesellschaft, in Politik und Medien nicht erst seit Pegida oder den Anschlägen von Paris und Kopenhagen ein Pulverfass.

Dabei geht es mir nicht nur um tragische Extremfälle

wie den Selbstjustiz-Doppelmord, der direkt vor dem Landgericht in Frankfurt am Main unter Afghanen verübt wurde, den halb totgeschlagenen Rentner in München, der in der U-Bahn zwei junge Männer (einen Griechen und einen Türken) auf das Rauchverbot hinwies, oder den Tod von Tuğçe auf dem McDonald's-Parkplatz in Offenbach, die allesamt ein großes mediales Interesse fanden. Mir geht es auch nicht um die Bedrohung durch Anschläge irgendwelcher Extremisten, seien sie islamistisch, linksradikal oder rechtsradikal verblendet wie der NSU. Mir geht es vor allem um die vielen großen und kleinen Taten, bei denen die meisten von uns einfach wegschauen, weil wir nichts damit zu tun haben wollen. Die sind es, die den letzten Rest an Gemeinschaftsgefühl immer weiter untergraben, mehr noch als die vergleichsweise seltenen Gewaltexzesse. In deren Folge flammt zumindest kurzzeitig die Debatte um Zivilcourage, Solidarität und Nächstenliebe auf. Das ist nicht zynisch gemeint: Jedes einzelne Opfer ist ein viel zu hoher Preis für die viel zu kurzen Momente des Innehaltens. Bevor alles weitergeht wie gehabt.

Ich wurde infolge meines Leserbriefs von der Polizeigewerkschaft zu einer Podiumsdiskussion im Rahmen des Landesdelegiertentags in Dortmund eingeladen. Dort konnte ich Anfang April 2014 unter anderem neben meinem obersten Dienstherrn, NRW-Innenminister Ralf Jäger, dem Düsseldorfer Polizeipräsidenten, Norbert Wesseler, und dem Landes- und stellvertretenden Bundesvorsitzenden der Gewerkschaft der Polizei (GdP), Arnold Plickert, meine kritische Sichtweise und meine Erfahrungen zum Thema »Gewalt gegen Polizisten« zum Ausdruck bringen – an höchster Stelle sozusagen. Jetzt wurde ich auch von den

Medien wesentlich mehr wahrgenommen als noch beim Erscheinen meines Briefs ein knappes halbes Jahr zuvor. Fast alle überregionalen und etliche regionale Zeitungen berichteten über meinen »Brandbrief«, auch im Fernsehen, zum Beispiel bei *hart aber fair,* wurde ich erwähnt. Für öffentliches Interesse war jedenfalls gesorgt. Unter Überschriften wie »Hilferuf einer Polizistin«, »Bruder oder Verräter« oder »Wir verlieren Macht und Respekt« wurde über meinen Brief und die 450 Kollegen, die mir bei der Podiumsdiskussion lautstark applaudierten, berichtet. Innenminister Jäger sagte seine Unterstützung zu und drückte angesichts der von mir geschilderten Zustände sein Bedauern aus: »Ich verstehe die Kollegin gut.« Und wieder dieselbe Reaktion wie schon bei Erscheinen meines Leserbriefs, zahlreiche Kollegen gratulierten mir zu meinem Auftritt: »Endlich sagt es mal jemand laut.«

So falsch kann ich mit meinem »Aufschrei« also nicht gelegen haben. Ich erfuhr auch vonseiten meiner Vorgesetzten, von der Dienstgruppenleiterin über den Inspektionsleiter bis hin zur Bochumer Polizeipräsidentin, Unterstützung für mein Anliegen. Selbstverständlich war das nicht, da mein Leserbrief mit niemandem vorher abgesprochen war. Und angesichts des Wirbels, den ich verursacht hatte, war ich optimistisch, damit eine Veränderung zum Guten angestoßen zu haben.

Bei aller Geduld für Änderungsprozesse, die natürlich niemals von heute auf morgen über die Bühne gehen, musste ich allerdings feststellen: Es hat sich bis heute nichts geändert. Null. Viel Rauch ... um nichts!

Doch so schnell gebe ich nicht auf. Nein, ich werde mich nicht mit einem »Kann man nichts machen« ins Heer der Resignierten einreihen. Stattdessen versuche ich mit diesem Buch jetzt noch einmal, etwas zu bewegen, und bin dankbar, dass mir der Piper Verlag die Gelegenheit dazu gibt. Nicht zuletzt die vielen positiven Zuschriften meiner Kollegen haben mich darin bestärkt, diesen Schritt zu wagen. Denn leider kommt man um den Eindruck nicht herum: Viele Polizisten stehen kurz davor, aufzugeben, zermürbt vom Kampf um (mehr) Respekt. Ich bin der Meinung, dass wir uns nicht (mehr) alles bieten lassen sollten - nicht nur als Polizisten, sondern vor allem als Gesellschaft. Das wäre ein fatales Zeichen an alle Einwohner unseres Landes.

Ich könnte wetten, dass bei Ihnen direkt ein paar Schubladen aufgegangen sind, als Sie die ersten Zeilen dieses Vorworts gelesen haben: Frau, Migrationshintergrund, Polizei ... klar, das machen wir alle. Im Wust an Informationen, die permanent auf uns einprasseln, versuchen wir irgendwie Schritt zu halten, und unser Hirn kramt, ohne dass wir es großartig steuern würden, in seinem großen Speicher nach vergleichbaren Erinnerungen, Erlebnissen, Bildern. Wir ordnen Menschen, Aussagen, Ereignisse reflexartig ein - gerade als Polizistin, die täglich schnelle Entscheidungen treffen muss, ist mir das mehr als vertraut. Und deshalb weiß ich auch, dass sich die ersten Schubladen bei Ihnen bereits öffneten, bevor Sie dieses Vorwort überhaupt aufgeschlagen haben: das Foto auf dem Cover, der Titel, der Untertitel, mein Name, das Thema ...

So natürlich und hilfreich Schubladen und Automatismen einerseits sein können (gerade wenn es brenzlig wird, in Polizeideutsch: wenn »Gefahr im Verzug« ist), so gefährlich sind Klischees, Vorurteile, unhinterfragte Meinungen andererseits, weil sie Denken verhindern können, wo es angebracht wäre. Mir ist bewusst, dass ich mit Aussagen wie »straffällige Personen mit Migrationshintergrund sind ein großes Problem in Deutschland« ein heikles Thema anspreche. Nicht erst seit der Sarrazin-Debatte um einen Schwachsinn wie die angebliche Vererbbarkeit von Intelligenz ist klar, dass einem so etwas schnell um die Ohren fliegen kann. Ich habe es mir deshalb lange und gründlich überlegt, ob ich den erneuten Schritt an die Öffentlichkeit tatsächlich wagen soll – und das, obwohl ich keinerlei Zweifel an der Richtigkeit meiner Beobachtungen und Forderungen habe. Wenn es manchem Migranten schon nicht passt, einer Frau in Uniform gegenüberzutreten, wie mag der dann reagieren, wenn diese Frau auch noch ihre kritische Meinung in einem Buch äußert? Ganz zu schweigen von den sozialromantischen Anhängern eines unkritischen Multikulti, die beim ersten Anflug von Bedenken bereits Islamophobie und Fremdenhass wittern.

Dieser Gefahren bin ich mir also bewusst und hoffe sehr darauf, dass mein Buch nicht als Verbreitung von Klischees oder gar Vorurteilen gegen Muslime, Migranten und Männer missverstanden wird. Nur weil ich keine Angst vor den Konsequenzen habe wie so viele, die lieber kuschen, als unbequeme Wahrheiten auszusprechen, lasse ich mich nicht von Bewegungen wie Pegida oder Parteien wie der AfD vereinnahmen. Es geht mir darum, Missstände anzusprechen, und zwar klar und unverblümt, so, wie ich sie jeden Tag erlebe. Es geht mir darum, Täter und Schuldige zu benennen, um zumindest in Zukunft weitere Opfer zu vermeiden. Das ist vielleicht im ersten Moment unbequem – für viele Beteiligte. Aber ich bin davon überzeugt, dass es sich auszahlen wird – für alle. Je länger wir warten, je länger wir schweigen, desto mehr gibt es zu reparieren.

STREITTHEMA INTEGRATION – WO DIE PROBLEME WIRKLICH ESKALIEREN

Die meisten hier lebenden Migranten sind hart arbeitende Menschen. Sie haben sich vorbildlich integriert, respektieren das Land und die Gesetze, Regeln und Normen, ohne dabei ihre Herkunft und Identität zu verleugnen. So sollte es auch sein. Jeder sollte zu seiner Herkunft stehen, egal, aus welchem Land er kommt. Ich bin stolz, eine Griechin zu sein. Ich liebe meine Herkunft. Aber genauso liebe ich es, wie die meisten Migranten auch, ein Teil von Deutschland zu sein. Beides gehört zu mir.

Gelungene Integration bleibt meist unauffällig. Wenn alles geschmeidig läuft, wenn es keine Pöbeleien und Anschläge, keine Schlagzeilen und Sondersendungen gibt, dann merkt ja auch keiner etwas davon. Und um es gleich am Anfang dieses Kapitels festzuhalten: Wir haben in Deutschland keine Probleme mit der überwiegenden Mehrheit der Migranten, die allermeisten sind ziemlich bis gut integriert, da gibt es kaum Ärger, keine Schwierigkeiten, jedenfalls nicht mehr oder weniger als mit den Einheimischen. Selbst weniger optimistische Menschen müssten das mittlerweile gemerkt haben.

Für ein unauffälliges Miteinander braucht es manchmal nicht einmal große Gemeinsamkeiten, weil es auch nebeneinander gut funktionieren kann. Oder würden Sie behaupten, dass beispielsweise Japaner super bei uns integriert wären? Gut, das ist eine vergleichsweise kleine Gruppe und vielleicht deshalb nicht weiter problematisch. Aber wir haben es bei Japanern zweifellos auch mit einer Parallelgesellschaft zu tun, nur dass sich das in diesem Fall nicht negativ auswirkt.

Wenn ich im Folgenden von Parallelgesellschaften spreche, dann meine ich jedoch diejenigen, die uns heute sehr wohl vor Probleme stellen. Und diese mit verursachen. Vor allem mit Migranten aus dem islamischen Kulturkreis verläuft die Entwicklung nicht parallel, sondern in Teilen sogar entgegengesetzt. Relativ unverhohlen wird hier eine Gegengesellschaft propagiert – und gelebt. Als Polizistin habe ich vor allem mit diesen Negativbeispielen zu tun – das bringt mein Beruf nun einmal mit sich: Wer ruft schon die Polizei, wenn alles funktioniert? Diese Eindrücke könnten natürlich mein Gesamtbild verzerren und dazu führen, die gut integrierten Migranten, die aus denselben Ländern stammen, fälschlicherweise mit zu verurteilen. Ich bin mir dieser Gefahr sehr bewusst, nicht zuletzt, weil ich Vorurteile schon oft genug am eigenen Leib erfahren habe. Und das, obwohl meine Familie ein klassisches Beispiel für die vielen, vielen Fälle gelungener Integration ist.

Meine Erfahrung ist, dass die Schwierigkeiten in aller Regel nicht in der Mitte der Gesellschaft sichtbar werden, sondern überwiegend an den Rändern. Und zwar oben wie unten. Oben auch? Ja, das mag zunächst überraschen, aber dort sind beispielsweise die Verlustängste viel stärker ausgeprägt. Untersuchungen bestätigen, dass mit dem Einkommen auch die Vorurteile gegenüber Einwanderern steigen. In der Praxis äußert sich das dann beispielsweise so: Wer es sich leisten kann, zieht in bessere Stadtteile, wenn's geht in *gated communities*, Hauptsache sicher, er schickt seine Kinder auf bessere Schulen, damit sie wegen der schlechten Deutschkenntnisse der Migrantenkinder den Karrierezug nicht schon in der Grundschule verpassen. Wenn schon Fremdsprachen, dann doch lieber bei promovierten Sprachwissenschaftlern im Privat-Kindergarten. Man schottet sich nach unten ab – wen interessieren schon Unterschichtsprobleme? Nicht umsonst stammte ein Großteil der Sarrazin-Anhänger nicht gerade aus prekären Verhältnissen.

Die Oberschicht ist natürlich nicht besser oder schlimmer als die sogenannte Unterschicht. Beide reagieren lediglich unterschiedlich auf die Spannungen, denen unsere Gesellschaft ausgesetzt ist. Dennoch sind vor allem die Auswüchse in sozial schwachen Milieus, von denen im Folgenden überwiegend die Rede sein wird, besorgniserregend: nicht nur zahlenmäßig, sondern auch aufgrund ihrer Intensität und der geringen Aussicht auf Besserung. Die Unterschicht hat aus mehreren Gründen die größten Probleme bei der Integration: Geldmangel, soziale Ausgrenzung, Bildungsschwäche und Gewalterfahrungen verschärfen die schlechtere Ausgangslage nur noch mehr – und auf der anderen Seite haben Sozialarbeiter und Polizisten es besonders schwer, diese Menschen überhaupt noch zu erreichen. Meine Kollegen und ich können ein Lied davon singen, schließlich treffen wir bei unserer Arbeit ständig auf solche Schwierigkeiten.

Ich werde im Folgenden noch die ein oder andere exemplarische Geschichte erzählen, um meine Aussagen zu veranschaulichen. So viel aber schon mal vorab: Ich bin der Ansicht, dass wir das Integrationsproblem nicht auf der Straße lösen können. Jedenfalls nicht mit dem Handwerkszeug und den Überzeugungen, die das Problem teils mit verursacht haben. Dafür ist es zu vielschichtig und vor allem zu tief verankert. Ich halte viele der heute nicht integrierten Migranten für verloren, viele von ihnen gefährden sogar unsere Gesellschaft – ganz unabhängig von der Frage, wer daran schuld ist. Ein bisschen Demonstrieren für Multikulti und solidarisches Fahnenschwenken werden uns jedenfalls nicht weiterbringen. Warme Worte aus der Politik schon gar nicht. Wenn das alles sein soll, was uns dazu einfällt, wäre es ein einziger Offenbarungseid.

In meinen Augen sieht es leider genau danach aus. Und deshalb begegne ich nicht nur straffälligen Personen mit Migrationshintergrund, die Wut im Bauch haben – ich kenne das Gefühl auch selbst und beobachte es bei Kollegen wie Bürgern immer öfter. Mit großer Sorge – denn wenn Frustration (die viele Migranten aufgrund der empfundenen Ausgrenzung und Benachteiligung verspüren) immer und immer wieder auf Resignation (die immer mehr Einheimische hinsichtlich der mangelnden Integrationswilligkeit bestimmter Migranten empfinden) stößt und umgekehrt, droht ein Abwärtsstrudel, der am Ende alle mitreißt.

Man könnte also sagen, dass dieses Buch ein Stück weit aus Wut entstanden ist. Ich möchte jedenfalls versuchen, meine Emotionen positiv dazu zu nutzen, die aktuelle Lage möglichst treffend zu beschreiben. Und ich möchte die negativen Emotionen, die mir als Polizistin entgegengebracht werden, in etwas Konstruktives umlenken.

In manchen Fällen lassen sich die wahren Ursachen für die Integrationsprobleme nur schwer aufdecken. In den allermeisten geht das aber relativ schnell, weil es immer wieder dieselben Muster sind, denen ich begegne, vor allem in den Problemvierteln, in den Ballungsräumen des Ruhrgebiets, wo viele Migranten leben und die ganzen Integrationsprobleme im Alltag sichtbar werden. Ich bin davon überzeugt, dass man mit relativ einfachen Mitteln, und vor allem mit klaren Ansagen, bereits eine Menge bewegen könnte.

Es geht mir vor allem um die »normal« gewordenen Probleme, die ich trotz ihres alltäglichen Auftretens alles andere als normal finde. Extremisten spielen dabei eine untergeordnete Rolle, auch wenn sie das Bild in den Medien dominieren, wenn von gescheiterter Integration die Rede ist. Ich erlebe am eigenen Leib, wie sich der fehlende Respekt vor unserem Staat, vor Frauen und vor Andersgläubigen äußert, wenn ich mich im Dienst als »Bullenschlampe« beleidigen und bespucken lassen muss; ich sehe die Folgen der Parallelstrukturen für unsere Justiz, wenn sich Zeugen schon kurz nach der Tat an nichts mehr erinnern können, weil die Sache unter Ausschluss eines deutschen Gerichts geregelt wird; und ich weiß, warum perspektivlose Bevölkerungsteile den letzten Glauben an unsere demokratischen Werte verlieren – falls sie ihn je hatten.

»Ist Multikulti gescheitert?«, wird in unregelmäßigen Abständen in Medien und Politik gefragt. Meistens, nachdem es irgendwo Mord und Totschlag gegeben hat. Dann treten scharfe Kritiker gegen beschönigende Sozialromantiker an und führen ihre theoretischen Diskussionen. Manchmal sitzt noch ein Quotenmigrant dabei. Die Antwort ist natürlich kein klares Ja und auch kein klares Nein (im Grunde ist die Frage dumm gestellt, es müsste heißen: »Wo liegen die verdammten Probleme?«, denn die gibt es ohne Zweifel zuhauf). In Diskussionsrunden werden die Missstände jedenfalls kaum zu lösen sein.

Vieles läuft heute besser als noch vor ein paar Jahrzehnten, Beispiele für gelungene Integration gibt es heute in fast allen Lebensbereichen, vom Kindergarten über das Arbeitsleben bis zu Fußballweltmeistern. Andererseits haben sich Probleme auch verfestigt, weil sie seit Jahrzehnten nicht gelöst werden. Teilweise haben sie sich dadurch nur noch verschlimmert: Die Zahl der kaum noch Integrierbaren wächst und wächst, weil es vor allem auch viele junge Menschen betrifft.

Integration ist nur auf dem Papier leicht. In der Praxis tauchen dagegen schnell Schwierigkeiten auf, weil es nicht so einfach ist, praktikable Grenzen zu ziehen und Regeln zu vereinbaren. Alles ist verhandelbar (und nicht gottgegeben) und sollte es auch bleiben. Ausgangspunkt jeglicher Diskussion muss aber stets die hiesige Kultur sein, hiesiges Recht und Gesetz, hiesige Gewohnheiten und Werte. Eine Anpassung der Einheimischen an die Einwanderer darf niemals stattfinden, nur um mögliche Vorwürfe der Intoleranz zu vermeiden. Die Folge wäre eine negative Anpassung – und das käme einer Aufgabe unserer freiheitlich-demokratischen Überzeugungen gleich. Und genau diese falsch verstandene Toleranz hat uns in mancher Hinsicht in eine Sackgasse geleitet. Multikulti birgt aber nun mal auch viele Risiken und wenig sozialromantische Wahrheiten: Kulturelle Prägungen, religiöse Überzeugungen, überkommene Traditionen sind manchmal einfach nicht miteinander vereinbar.

Das ist kein Rechtspopulismus, sondern gesunder Menschenverstand: Kulturelle Unterschiede sind einerseits zu berücksichtigen und zu respektieren, aber andererseits sind die Gesetze dieses Landes einzuhalten. Punkt. Keine Diskussion. Veränderlicher sind da schon die Gepflogenheiten, Bräuche und Traditionen. Aber auch hier gibt es Grenzen, die jeder respektieren muss, überall auf der Welt: In muslimisch geprägten Ländern gehe ich zum Beispiel nicht mit High Heels und Minirock in die Moschee, und in Israel betrete ich ohne Kopfbedeckung keine Synagoge, da halte ich mich an das, was die Gesellschaft mir vorlebt, was gesellschaftlicher Konsens ist, ob nun von einer Religion geprägt oder nicht. Wenn ich mich beispielsweise dazu entschließen würde, künftig im islamischen Saudi-Arabien zu leben, käme ich auch nicht auf die Idee, in der Öffentlichkeit Alkohol zu trinken oder als Frau selbst Auto zu fahren – das ist dort nämlich verboten. Und nur, weil ich es in meiner Heimatkultur anders gewohnt war, könnte ich die dortigen Gesetze und Gewohnheiten nicht ignorieren. Als Tourist nicht, und als Migrant erst recht nicht. Passt mir das nicht, muss ich gegebenenfalls wegbleiben oder wieder gehen, gerade in einer freien Gesellschaft wie unserer. Andernfalls muss ich es zumindest akzeptieren, auch wenn es mir nicht schmeckt. Ich erlebe immer wieder Migranten, die große Schwierigkeiten damit haben, Kompromisse dieser Art einzugehen.[3]

Dabei geht es vor allem um ein Bewusstsein, eine grundsätzliche Einstellung und Bereitschaft. Von keinem Menschen darf die komplette Assimilation verlangt werden, die alle Migranten zu Schweinswürste essenden und Bier trinkenden Klischeedeutschen verbiegen würde. Das wäre kompletter Schwachsinn, ganz abgesehen davon, dass es *den* Klischeedeutschen genauso wenig gibt wie *den* Migranten. Die Wahrheit liegt wie so oft in der Mitte: Sie setzt Integrationsmöglichkeiten voraus - und die gibt es in Deutschland (das kann ich persönlich bestätigen). Aber die besten Möglichkeiten helfen nichts, wenn es an Integrationswillen fehlt. Und genau das ist meine Beobachtung bei den Migranten, mit denen wir die größten Probleme haben.

Zum Teil wurde ihnen dieser Wille durch ungünstige Umstände genommen, durch fehlende Chancengleichheit, durch mangelnde Akzeptanz, durch wachsende Perspektivlosigkeit. Zum Teil haben sie ihn abgelehnt, aus verletztem Stolz, aus Überheblichkeit, aus Mangel an Bildung und Verständnis. Zum Teil haben sie ihn nie entwickelt, weil er ihnen nie im Leben überzeugend vermittelt wurde, am allerwenigsten zu Hause. Vor allem Frauen wurde die Chance dazu verweigert, nicht selten mit Gewalt. Und leider schlüpfen viele gescheiterte Migranten in die vermeint-

3 Für Kriegsflüchtlinge oder sonstige Verfolgte stellt sich diese Problematik natürlich etwas anders dar. Das darf hier nicht vermengt werden und wird deshalb noch in einem eigenen Abschnitt behandelt.

lich bequeme Opferrolle und schieben die Schuld den anderen in die Schuhe: falschen Freunden, unfähigen Lehrern, ausländerfeindlichen Polizisten, dem Staat, den Deutschen, wem auch immer.

Man müsste natürlich jeden Fall einzeln untersuchen, um den Menschen wirklich gerecht werden zu können. Man müsste jede Familiengeschichte einzeln aufrollen, das Umfeld ausleuchten, die aktuelle Lebenssituation analysieren und so weiter. Schon klar. Wenn ich hier verallgemeinere, dann wird das einzelnen Personen nicht gerecht, aber es ist notwendig, um die Probleme überhaupt anpacken zu können. Schließlich sind wir kein Dorf mit zwölf Einwohnern, sondern ein Land mit rund 80 Millionen. Außerdem spreche ich nur Dinge an, die sich aufgrund der Faktenlage nicht nur Einzelpersonen, sondern Personengruppen zuschreiben lassen – was Verallgemeinerungen wiederum ein Stück weit rechtfertigt.

Um zu diesen allgemeinen Aussagen zu kommen, muss man natürlich das dahinterliegende Zahlenmaterial, die Statistik, sehr genau anschauen. Ein Beispiel ist die Polizeiliche Kriminalstatistik (PKS): Darin werden die Straftaten, die deutsche Bürger und Migranten verübt haben, gesondert geführt. In welche Kategorie der jeweilige Täter am Ende aber fällt, entscheidet einzig und allein seine Staatsangehörigkeit. Ein junger Türke, der mit Geburt automatisch den deutschen Pass erhält oder die deutsche Staatsbürgerschaft nachträglich annimmt, würde also – falls er eine Straftat verüben sollte – als Deutscher gezählt. Die Anzahl der als deutsch und ausländisch erfassten Straftäter in der PKS ist also mit äußerster Vorsicht zu genießen.

Dabei wäre es wirklich dringend notwendig, den Migrationshintergrund eines Täters zu erfassen, denn ob nun politisch gewollt oder als unnötig erachtet: Erst die Erfassung des Migrationshintergrundes macht Rückschlüsse auf Herkunft, Kultur, Tradition, Wertevorstellungen, Religion, patriarchalische Familienstrukturen, Integrationsprobleme etc. möglich. Oft wird erst dann das Motiv des Täters überhaupt sichtbar. Damit ist der Migrationshintergrund für das Strafverfahren von größter Bedeutung. Und das nicht nur in Bezug auf Repression - viel wichtiger ist er hinsichtlich der Prävention, um rechtzeitig zu erkennen, welche Intention ein Täter hatte. Durch die Erfassung könnten in Zukunft gezielte Präventionsmaßnahmen und Aufklärungsarbeit - notfalls auch richterlich angeordnet - mit dem Täter durchgeführt und weitere Straftaten verhindert werden.

Im Übrigen zeigt die statistische Erfassung beim Justizvollzug das gleiche verzerrte Bild wie bei der PKS: Auch hier werden die Insassen nach »Pass« erfasst. Die relativ niedrige Anzahl »ausländischer Gefangener« auf dem Papier bezieht sich auf Personen ohne deutsche Staatsbürgerschaft und widerspricht der objektiven Wahrnehmung, nämlich der Realität in den Justizvollzugsanstalten.

Wenn man es also bis jetzt nicht schon ahnte, so wird spätestens aus dem Gesagten deutlich: Das Thema Integration birgt reichlich Zündstoff, und man muss wissen, dass man sich mit klaren Aussagen angreifbar macht. So ging es vor mir auch schon anderen Autoren, die sich auf diese Debatte eingelassen haben.

Die Bücher von Thilo Sarrazin (*Deutschland schafft sich ab*) und Heinz Buschkowsky (*Neukölln ist überall*) lösten in den letzten Jahren große Diskussionen rund um das

Thema Migranten, gescheiterte Integration, versagende Migrationspolitik und alle damit verbundenen negativen Folgen aus. Auch wenn uns der viel zitierte Untergang des Abendlandes bislang erspart blieb, scheinen diese und andere Autoren einen Nerv getroffen zu haben, der sich quer durch alle möglichen Gesellschaftsgruppen zog – und weiter zieht, denn wirklich gelöst sind die Probleme bis heute nicht. Vieles hat dabei schlicht und ergreifend mit Ängsten zu tun: Angst vor »Überfremdung«, Angst vor Nachteilen (gegenüber wem auch immer), Angst vor allem, was Migranten an Negativem einschleppen könnten. Und was das alles kostet! Keine dieser Ängste lässt sich eindeutig belegen, aber die Probleme sind trotzdem da. Und sie sind alles andere als eine Wahrnehmungsstörung. Oder wie es der ehemalige Bundesinnenminister Otto Schily in diesem Zusammenhang formulierte: »Gefühle sind politische Tatsachen.«

Ich bin wahrlich kein Befürworter von Sarrazins Thesen, die zum Teil richtig bizarr sind, wenn sie mit ihren Intelligenz-Vererbungstheorien mehr oder weniger stark an Eugenik und Rassenlehre erinnern – dennoch spricht er negative Entwicklungen an, die schlicht und ergreifend wahr sind. Dafür muss man nur mal mit offenen Augen durch deutsche Großstädte gehen, was mir als Streifenpolizistin täglich vergönnt ist. Sein Horrorszenario hat für mich leider viel Realistisches. Wer mich deshalb in Anlehnung an Sarrazin fragen würde, ob sich Bochum abschafft, dem würde ich mit Buschkowsky, der mir wesentlich näher ist, antworten: »Bochum ist überall!« Und besonders nachts ist das kein Vergnügen.

Wie viele deutsche Großstädte verfügt auch Bochum über ein Rotlichtmilieu. Meine Kollegen und ich führten im Nachtdienst an einem Bordell gezielte Kontrollen durch, die naturgemäß auf wenig Gegenliebe stießen. Bei einem Mann, der in unsere Kontrolle fuhr, bemerkte ich von Anfang an eine aggressive Grundstimmung. Auch sein sonstiges Verhalten ließ darauf schließen, dass er Drogen oder Alkohol konsumiert haben könnte. Ich bat ihn, aus seinem Wagen zu steigen, um ihn anhand einiger freiwilliger Tests zu überprüfen. Da er sich weigerte, erhärtete sich mein Verdacht, dass er irgendetwas verbergen oder vertuschen wollte. Schließlich weigern sich im ersten Moment fast alle Drogenkonsumenten, bei den Tests mitzuwirken - was noch nie etwas gebracht hat, nur so nebenbei. Doch das war nicht sein Problem.

Ich machte ihm deutlich, dass sich mein Verdacht immer weiter erhärten würde, was erwartungsgemäß nicht zur Verbesserung seiner Stimmung beitrug. Da eine Eskalation nicht mehr weit entfernt war, bot ich ihm an, lediglich zwei freiwillige Tests zu machen: einen Alkoholtest und eine Inaugenscheinnahme seiner Pupillen. Würden beide negativ ausfallen, wäre für mich die Maßnahme beendet, und er könne weiterfahren. Doch der Mann sagte mir, noch bevor ich ausgesprochen hatte: »Sie schauen mir nicht in die Augen!«

Ich fragte ihn, warum ich das denn nicht solle. Die Antwort war mir im Grunde schon längst klar. Da er zögerte und mir keinen plausiblen Grund nennen konnte, konfrontierte ich ihn mit der Frage, ob es ihn stören würde, dass eine Frau ihm in die Augen schaue. Unverzüglich wurde er noch aggressiver und fing nun an, die »Ausländerkarte« zu spielen: »Sie haben mich nur angehalten, weil ich Ausländer bin.«

Ich nahm mir die Zeit und erklärte ihm, dass er bei Dunkelheit mit eingeschaltetem Abblendlicht in unsere Kontrolle gefahren war und ich aufgrund dieser Lichtverhältnisse gar nicht erkennen konnte, wer den Wagen steuerte. Außerdem würden wir nicht nur Ausländer kontrollieren, sondern jeden.

Die Aggression wuchs weiter. Nun warf er mir vor, dass ich mit dem Thema Ausländer angefangen hätte. Und wie ich denn darauf kommen würde, dass er Ausländer sei? Der Mann hieß Mohammad, und seine schwarzen Haare und dunkle Haut wiesen ihn nicht gerade als Klischeedeutschen aus. Aber bevor die Sache nun wirklich aus dem Ruder lief, bat ich ihn, sich zu beruhigen.

Doch er fing stattdessen an zu verhandeln und erklärte mir, dass ich nur einen Test durchführen dürfe: entweder Alkohol oder Pupillen. Beides würde er nicht machen. Die Polizei könne wählen.

Er hatte ganz offensichtlich immer noch nicht verstanden, dass er keine Bedingungen stellen konnte. Und das änderte sich auch nicht. Bis zum Schluss wollte er nicht einsehen, dass wir, die Polizei, diese Kontrolle steuerten und nicht er. Hierfür fehlte jegliches Verständnis, und ich befürchte, es fehlt bis heute.

Die Eskalation verhinderte am Ende nur ein Mittelweg, den wir zähneknirschend einschlugen: Ich bot ihm an, den freiwilligen Alkoholtest zu machen, und mein männlicher Kollege würde in seine Augen schauen. Damit zeigte er sich nach langem Hin und Her schließlich einverstanden. Wäre ich ihm nicht entgegengekommen, wäre ein Widerstand nicht zu vermeiden gewesen. Und wofür? Drogenkonsum ohne Ausfallerscheinungen ist lediglich eine Ordnungswidrigkeit, und für Maßnahmen unter Zwang, zum Beispiel eine Blutentnahme, lagen noch nicht ausreichend Anhaltspunkte vor. Doch darum ging es dem Mann gar nicht, es war lediglich ein Machtspiel mit einem lästigen Gegner, für den er keinerlei Respekt übrig hatte. Denn jetzt kommt's: Beide Tests verliefen nach all dem Hickhack negativ.

Es ist für mein Anliegen im Grunde auch vollkommen unerheblich, ob in diesem Fall nun ein strafrechtlich relevantes Vergehen vorlag oder nicht. Das grundsätzliche Verhalten dieses Mannes war typisch für den Kulturkreis, aus dem er stammte, der seine Erziehung geprägt hatte und seinen Alltag bis heute beeinflusst. Das macht deutlich, was unser eigentliches Problem ist: Wenn man am Ende froh sein muss, bei einer Routinekontrolle mit größter Mühe eine Eskalation zu vermeiden (wohlgemerkt mit einer Einzelperson, zur »Rudelbildung« kommen wir später noch), geht es um Grundsätzliches, um das Verständnis dessen, was Integration eigentlich bedeutet.

Wie ich im Vorwort bereits erwähnt habe: Solche Fälle sind für mich zum Alltag in Bochum geworden. Die Frage ist: Wie konnte es so weit kommen? So etwas kommt schließlich nicht über Nacht, da muss es eine Entwicklung gegeben haben.

Ich möchte jetzt keinen Geschichtsunterricht erteilen, sondern nur die historischen Entwicklungen anreißen, die für das Verständnis der heutigen Situation am wichtigsten sind. Dazu genügt eigentlich schon ein ganz kleiner Sprung zurück: Im April 2006 sprach der damalige Bundespräsident Horst Köhler aus, was sich viele Deutsche immer noch nicht eingestehen wollten: Wir haben das Thema Integration jahrzehntelang »verschlafen«. Spätestens dann hätte auch der Letzte hier im Land den Schuss gehört haben müssen. Keine zehn Jahre ist das her – historisch eine lächerlich kurze Zeitspanne für einen Gesellschafts- oder Mentalitätswandel. Dass ein großes Land wie Deutschland, zumal mit seiner Geschichte, nicht über Nacht zum lupenreinen Einwanderungsland, zum Musterbeispiel geglückter Integration wird, ist klar. So etwas geht auch nicht ohne Konflikte. Einige davon scheinen ganz einfach unvermeidbar, andere sind dagegen bis heute hausgemacht.

Politisch wurde über Jahrzehnte ignoriert, welche sozialen Probleme durch die Einwanderung entstanden – und zwar für alle Beteiligten. Die meisten nicht direkt betroffenen deutschen Bürger wiederum waren einfach nur froh, wenn sie nichts oder nicht zu viel damit zu tun hatten, und verwiesen erleichtert auf ihren »Freund« Paolo, in dessen Pizzeria sie so gerne essen gingen, oder auf den Gratis-Ouzo bei Petros an der Ecke oder das tolle Tor von Mehmet letzten Samstag beim Fußball.

Diese Ignoranz – und die spätere Schuldzuweisung an Instanzen wie Politik, Justizbehörden, Sozialeinrichtungen, Schule, Polizei und so weiter – entwickelte eine Eigendynamik, mit deren Folgen wir bis heute zu kämpfen haben. Und der Kampf ist noch lange nicht ausgefochten, geschweige denn gewonnen. Falls dies zwischen Drucklegung und Erscheinen dieses Buches geschehen sein sollte, können Sie es jetzt zuklappen und ein bisschen spazieren gehen. Schön wär's. Doch ich befürchte, das Thema gibt uns noch länger Anlass zu Diskussionen.

Diskussionen sind wichtig und stehen oft am Anfang neuer Entwicklungen - aber sie reichen nicht aus. Ich bin eine Frau, die gerne Probleme anpackt. Ich schätze die theoretischen Grundlagen, sie sind ohne Zweifel wichtig und hilfreich, aber entscheidend ist die Praxis, die Umsetzung Tag für Tag, das Leben. Unser aller Leben.

Für unser Zusammenleben braucht es Regeln. Das ist nun wahrlich nicht neu, und ich bin nicht so naiv zu glauben, dass es perfekte Regeln geben könnte, die alle und jeden gleichermaßen gerecht behandeln und an die sich deshalb alle immer halten würden - mit einem fröhlichen Lied auf den Lippen. Ein schöner Traum, aber eben ein Traum.

Es gibt einen grundsätzlichen Fehler, den wir in Deutschland begangen haben, in der Politik genauso wie in der Mehrheitsgesellschaft: Wir hielten uns für wahnsinnig offen - oder zumindest für offen genug. Schließlich nahmen wir die ganzen Einwanderer ja auf, auch wenn wir sie damals »Gastarbeiter« oder einfach nur »Ausländer« nannten. Wir gingen davon aus, dass da schon alles klappen würde. Und falls jemand länger bleiben würde, dann würde der sich hier schon irgendwie integrieren. Quasi von alleine. Die Bundesrepublik war nach dem Krieg schließlich nicht umsonst wirtschaftlich wieder so stark geworden, die Deutschen waren doch so einleuchtend gut und auf der richtigen Seite, dass es nun wirklich keinen Grund gab, unsere Lebensweise, unsere Gesellschaftsform, unsere Kultur, unser Miteinander wegen der paar Ausländer zu hinterfragen. Lief doch alles.

Auf eine Idee sind viele dabei bis heute nicht gekommen: Wenn Migranten oder Flüchtlinge zu uns kommen, heißt das noch lange nicht, dass sie das tun, weil sie eine freiheitliche, offene Gesellschaft suchen und zu allem Ja und Amen sagen, weil sie so großartig finden, was in unserer Demokratie passiert. Viele dieser Menschen wollen einfach nur besser leben als zuvor, mehr nicht - Details sind da erst mal Nebensache. Und wer aus der Armut kommt, von Krieg und Verfolgung ganz zu schweigen, für den sind viele Dinge erst mal nur Details. Wen kümmern da ernsthaft TÜV, Ruhezeiten oder deutsche Grammatik?

Mit manchen Zuwanderungsgruppen gelang das Miteinander besser, mit Spätaussiedlern gab es zum Beispiel vergleichsweise wenige Probleme. Mit anderen funktionierte es nicht immer so reibungslos, etwa bei muslimisch geprägten Einwanderern, mit »Arabern« oder »Libanesen«. Aber wenn, dann wurde es jahrzehntelang kleingeredet oder verdrängt, kurz: Es wurde überwiegend ignoriert und verpennt, vor allem an den entscheidenden Stellen.

Als meine Großeltern aus Griechenland einwanderten, wussten sie noch nicht, dass sie länger als ein paar Jahre bleiben würden. Das war ja auch nicht ihr Plan. Genauso wenig, wie es der Plan von all den Italienern, Spaniern, Griechen, Türken, Portugiesen, Jugoslawen und so weiter war, die zum Arbeiten nach Deutschland kamen, nachdem die Bundesrepublik in den Fünfziger- beziehungsweise Sechzigerjahren mit ihren Heimatländern Anwerbeabkommen geschlossen hatte. Die allermeisten von ihnen wollten nur kurz bleiben, arbeiten und möglichst schnell möglichst viel Geld verdienen, um den Lebensstandard in der Heimat zu verbessern (Stichwort: besser leben). Kaum einer hatte vor, sein Herkunftsland für immer zu verlassen. Für viele bestand deshalb auch gar keine Notwendigkeit, sich mehr als für die Arbeit nötig mit Sprache und Kultur des »Gastlandes« zu beschäftigen. Und die Einheimischen bestanden auch nicht darauf, schließlich gingen auch sie davon aus, dass die »Gäste« bald wieder nach Hause gehen würden. Der Rest ist bekannt.

Seit damals hat sich Deutschland in vielem stark verändert, neben der erwähnten Zuwanderung seit den Fünfziger- und Sechzigerjahren gab es die deutsche Wiedervereinigung. Und es gab in den letzten Jahrzehnten massive politische Veränderungen in ganz Europa. Global agierende Konzerne lassen die Welt zusätzlich schrumpfen und beschleunigen unser Leben immer stärker. All das erfordert ein dynamisches Selbst- und Weltbild. Der Haken an der Sache: Flexibilität ist mit Unsicherheit verbunden.

Denn der Reflex, sich gegen Neues zu sträuben, ist zutiefst menschlich. Dabei waren es schon immer die Anpassungsfähigen, die weiterkamen und sich am Ende durchsetzten. Im Großen nennt man das Evolution. Für uns reicht es eine Nummer kleiner: In unserem Alltag in dieser unsicheren, immer schnelleren Welt heißt ein entscheidender Baustein für die Zukunft: gelingende Integration. Wir haben gar keine andere Wahl, als unsere Probleme damit endlich besser in den Griff zu bekommen. Zumal wir in einem Land leben, das in Zukunft immer mehr auf Zuwanderung angewiesen sein wird.

Es ist fast schon eine Ironie des Schicksals, dass ausgerechnet Migranten, also Menschen, die ihre ursprüngliche Heimat in der Hoffnung auf ein besseres Leben verließen, teilweise starre Gedanken- und Gesellschaftsstrukturen importiert haben. Die, die den Mut hatten, zu neuen Ufern aufzubrechen, sehnten sich manchmal umso stärker nach den alten Traditionen und Werten zurück. Vor allem diejenigen, deren große Hoffnungen sich nicht so erfüllt haben, wie sie es sich wünschten. Oder die mit den Freiheiten dieser Gesellschaft überfordert waren und noch heute sind. Was ihnen dann Rückhalt und Orientierung in einem fremden (und nicht selten auch nach Generationen noch fremd gebliebenen) Land geben sollte, wurde für viele immer mehr zu einer Falle, zu einem selbst gebauten Gefängnis. Wer sich hingegen öffnen konnte, die Regeln des neuen Heimatlandes akzeptierte und respektierte, wer mitspielte und Chancen ergriff, war viel erfolgreicher als die ideologischen Traditionalisten - das war immer so und wird auch so bleiben.

Gleiches galt auf der anderen Seite: Wer den Migranten offen und hilfsbereit begegnete, wurde nicht nur um Pizza, Gyros und Döner bereichert, sondern um viel mehr. Und ohne dafür seine Identität aufgeben oder gar »Überfremdung« fürchten zu müssen, im Gegenteil: Erst die Unterschiede machen die eigene Identität sichtbar. Starre Vorstellungen, an denen unverrückbar festgehalten wird, waren hingegen schon immer anfälliger für Gewalt und Eskalation.

Unsere Gesellschaft wird sich auch in Zukunft weiter verändern. Wer in diesem Prozess Glaubenskriege führt und keinen Millimeter von seiner Position abrückt, hat schon verloren. Dabei gibt es bei uns einen Rahmen, der jedem Einzelnen genügend Möglichkeiten bietet und umfassende Rechte zusichert: das Grundgesetz. Auch Integration funktioniert in Deutschland nur auf dessen Grundlage. Und das macht es uns theoretisch denkbar leicht: Es gibt keinen willkürlichen Diktator, sondern klare, transparente Regeln und Gesetze (zumindest die wichtigsten, im Detail kann deutsches Recht durchaus kompliziert sein). Diese Gesetze gelten für alle hier lebenden Menschen. Um sie zu verwirklichen, braucht es unter anderem auch eine durchsetzungsfähige Polizei, zunächst braucht es aber den Willen aller Beteiligten, geltendes Recht und Gesetz einzuhalten und entstandene Probleme zu bekämpfen.

Dass starre Vorstellungen dabei ein großes Hindernis darstellen, liegt auf der Hand. Es ist für mich daher wenig verwunderlich, dass ich täglich mit Konflikten konfrontiert werde, die sich oft genau darauf zurückführen lassen: archaische Vorstellungen von stark hierarchischen Gesellschaftsstrukturen; Regelbegriffe wie »Ehre« und »Stolz«, hinter denen sich alles Mögliche verstecken kann; stark vereinfachende Weltbilder (gut und böse); praktiziertes Patriarchat, das auf der grundsätzlichen Unterdrückung von Frauen basiert; Selbstjustiz nach dem Motto »Auge um Auge, Zahn um Zahn«; Familienehre, die über geltendem Recht steht; bis hin zu offener Verachtung des deutschen Staates.

Starre Ansichten wie diese lassen sich beispielsweise bei Islamisten erkennen, aber genauso bei Neonazis oder anderen Extremisten. Vordergründig stehen sich dabei ganz unterschiedliche Überzeugungen gegenüber, aber im Grunde haben sie ähnliche Ängste: Das Leben erscheint ihnen in vielerlei Hinsicht als unsicher und labil (wirtschaftlich, politisch, eventuell auch persönlich), die vielen Handlungsoptionen einer westlichen Demokratie sorgen für Verwirrung und Unbehagen, es mangelt ihnen an Orientierung, weshalb sie sich an längst überkommenen Weltbildern festkrallen. Sie suchen Sündenböcke, auf die sie alles abwälzen können. Flexibilität fällt diesen Menschen schwer, sie sehnen sich nach einer einfachen Welt. Alles andere stellt schlicht eine Überforderung dar. Es könnte so einfach sein, ist es aber nicht.

Dass sich dabei ein paar alte, verbohrte Köpfe hervortun, ist nicht weiter verwunderlich. Unverbesserliche gab es schon immer und wird es immer geben. Solange sich ihre Zahl in Grenzen hält, kann eine funktionierende Demokratie das locker verkraften. Bedenklich wird es allerdings, wenn deren Ansichten verstärkt von jungen Menschen geteilt werden, die eigentlich unsere Zukunft mitgestalten sollten.

Und eine Gruppe tut sich dabei und bei den Missständen, um die es in diesem Buch geht, leider besonders hervor.

NICHT NUR MUSLIME – ABER AUFFALLEND VIELE

Ich möchte nicht lange um den heißen Brei herumreden: Gerade mit Migranten aus muslimisch geprägten Ländern gibt es die größten Schwierigkeiten, allen voran mit jungen Männern. Menschen aus diesem Kulturkreis, seien es Türken, Kurden, Libanesen, Tunesier oder andere Nationalitäten, tun sich auffallend schwer damit, sich in Deutschland zu integrieren. Ich schreibe bewusst »muslimisch geprägt«, weil es für diese grundsätzliche Feststellung vollkommen unerheblich ist, ob die Einzelperson besonders gläubig ist oder nicht und ob sie diesen oder jenen Pass hat. Meiner Erfahrung nach ist die kulturelle Prägung das Entscheidende, und dahinter verbergen sich Werte, Moralvorstellungen, ein Weltbild, ein Menschenbild, ein Rollenverständnis, all diese Vorstellungen und Überzeugungen, die das soziale Miteinander ausmachen. Bis hin zu »unserer Mentalität, unserem Temperament«, wie ich es fast täglich höre und erlebe.

Noch mal: Nicht jeder Einwanderer und auch nicht jeder Muslim ist ein Problem. Viele sind hervorragend integriert und eine Bereicherung für unsere Gesellschaft. Entgegen der landläufigen Meinung entlasten Migranten sogar den deutschen Sozialstaat, wie eine Studie der Bertelsmann-Stiftung 2014 belegte. Das heißt: Sie zahlen mehr ein, als sie kosten - und Deutschland als Ganzes profitiert davon. Natürlich gibt es auch Einwanderer, die unsere Sozialsysteme ausnutzen, und manche Bevölkerungsgruppen tun sich dabei auffallend kreativ, um nicht zu sagen: dreist hervor - aber eine Pauschalverurteilung aller Migranten kommt einem unhaltbaren Vorurteil gleich.

Woher solche Vorurteile über Migranten kommen, wer sie in die Welt gesetzt hat, warum sich manche so hartnäckig halten, kann man lange diskutieren. Ich sehe auf den ersten Blick nicht aus wie eine Klischeedeutsche mit blonden Zöpfen und blauen Augen. Und ich weiß deshalb aus eigener Erfahrung nur zu gut, dass Menschen unterschiedlich auf bestimmte Haarfarben, Hautfarben und weitere äußere Merkmale bis hin zur Kleidung reagieren. Da gehen die Schubladen in unseren Köpfen schneller auf, als wir uns dagegen wehren könnten. Mir sehen viele nicht auf den ersten Blick die griechische Abstammung an. Manche halten mich für eine Türkin, andere für eine Italienerin, in der Regel irgendetwas Südeuropäisches. Ich habe damit im Grunde kein Problem, es ist normal für mich und viele andere Menschen mit Migrationshintergrund.

Wie bereits erwähnt ist der Migrationshintergrund ein Ordnungskriterium einer Bevölkerungsgruppe oder von Einzelpersonen, die nach 1949 in die Bundesrepublik immigriert beziehungsweise Nachkommen dieser Einwanderer sind. Ein Ordnungskriterium für statistische Zwecke von Ämtern und anderen Institutionen – im wahren Leben stehen dann aber keine Zahlen und Prozentsätze vor einem, sondern Menschen aus Fleisch und Blut, jeder für sich einzigartig, jeder mit einer eigenen Geschichte. Und dennoch trifft man immer wieder auf dasselbe Verhalten bestimmter Gruppen – Klischees sind manchmal eben nicht ganz unberechtigt entstanden, nicht alles beruht auf böswilligen Vorurteilen, wie immer wieder entgegnet wird. Tatsache ist jedenfalls, dass unter den Migranten mit den größten Integrationsproblemen auffallend viele einen muslimisch geprägten Hintergrund haben.

Ein Zusammenhang zwischen kultureller Prägung und sozialem Verhalten bis hin zu bestimmten Straftaten ist mehr als augenfällig. Stellt sich die Frage nach den dahinterliegenden Ursachen. Lassen sich die Probleme mit muslimisch geprägten Migranten wirklich größtenteils auf die Religion zurückführen? Oder beruhen sie vielleicht doch nur auf Vorurteilen? Und wie stark verzerren einzelne islamistische Terroristen das Gesamtbild?

Tatsächlich spielt für das Gesamtbild in der Integrationsdebatte unsere Wahrnehmung eine große Rolle. In

Untersuchungen wurde festgestellt, dass der Anteil sowohl der Einwanderer als auch der Muslime an der Gesamtbevölkerung als viel größer angenommen wird, als es der Realität entspricht: So schätzten Befragte durchschnittlich, dass der Anteil der Migranten bei etwa einem Viertel liegt statt dem tatsächlichen Fünftel. Der Anteil der Muslime wurde auf fast 20 Prozent statt der tatsächlichen 5 Prozent geschätzt - vier Mal so hoch. Die »Kontrollgruppe« der Christen wurde mit 58 statt 62 Prozent dagegen leicht unterschätzt. Woran liegt es, dass die Leute hier so deutlich danebenliegen? Werden - Vorsicht, Klischee! - laute, südländisch aussehende Männer und Kinderwagen schiebende Frauen mit Kopftüchern wirklich immer mehr - oder verstört ihr Anblick auch heute noch so viele Einheimische, dass es zu solchen Fehleinschätzungen kommt?

Meiner Meinung nach liegt dieser Eindruck tatsächlich darin begründet, dass man diese Bevölkerungsgruppen im Alltag stärker wahrnimmt: Viele, vor allem die Jüngeren, halten sich auf öffentlichen Plätzen in der Innenstadt oder in Parks auf und dominieren somit das Bild, auch durch ihr auffälliges Verhalten. Und auch mir fällt auf, dass in Bochum die Zahl der Kopftuchträgerinnen zunimmt, was auf mich wirklich nicht wie ein Zeichen der Gleichberechtigung wirkt, selbst wenn sie das alle freiwillig tragen würden und Religion ihr frei gewähltes Privatvergnügen wäre. Hinzu kommt, dass man seit Jahren hört, dass die Geburtenrate bei Migranten deutlich höher liegt als bei der deutschen Mehrheitsgesellschaft. Und nicht zuletzt durch die überdurchschnittliche Präsenz in Straftatstatistiken liegt es nahe, den Anteil von Einwanderern und Muslimen höher einzuschätzen, als er tatsächlich erfasst ist.

Mir geht es nun aber nicht um Statistik, sondern um die Probleme, die jeder erleben kann, der in Deutschland die eigenen vier Wände verlässt. Mir geht es auch nicht um theologische Spitzfindigkeiten. Ich werde keine Suren zitieren und auch keine Bibelvergleiche anstellen. Entscheidend ist aufm Platz, sagen Fußballer. So sehe ich das hier auch. Die kulturelle Prägung ist dafür viel entscheidender als die einzelne religiöse Schule – auch wenn es dort natürlich Unterschiede gibt, die besonders bei den strengen Auslegungen der Salafisten, der Wahhabiten oder der Muslimbrüder sehr wohl von Bedeutung sind. Hier geht es mir wie gesagt um alle, die sich auf ihre muslimische Kultur berufen, oft und gerne auch mit Stolz.

Trotzdem noch ein paar Zahlen und Fakten zur groben Einordnung. Es gibt in Deutschland laut Hochrechnung des Bundesamts für Migration und Flüchtlinge zwischen 3,8 und 4,3 Millionen Muslime, etwa die Hälfte davon sind deutsche Staatsbürger. Schon allein deshalb spreche ich von einem deutschen Problem oder besser: *unserem* Problem. Alle Diskussionen, in denen nur von »denen« oder »den anderen« die Rede ist, verkennen meiner Meinung nach diesen Aspekt völlig. Die Straftaten passieren hier, viele der Straftäter sind hier geboren, hier aufgewachsen und sozialisiert (oder eben nicht!), also sind es auch unsere Probleme, ganz gleich, aus welchem Land die Person oder ihre Vorfahren eingewandert sind. Die Namen Sarrazin und Buschkowsky klingen schließlich auch nicht deutscher als Kambouri, Özdemir oder Boateng.

Im Osten Deutschlands gibt es – aufgrund der Geschichte wenig verwunderlich – deutlich weniger Muslime, der Anteil liegt unter 1 Prozent an der Gesamtbevölkerung.

Die Stadtstaaten Bremen (9,2 Prozent), Berlin (8,2 Prozent) und Hamburg (8 Prozent) liegen beim Bevölkerungsanteil noch vor den Flächenländern Nordrhein-Westfalen (7,5 Prozent) und Baden-Württemberg (6,5 Prozent) – alle übrigen Bundesländer senken den Durchschnitt auf rund 5 Prozent. Bei den absoluten Zahlen liegt mein Bundesland Nordrhein-Westfalen mit über 1,3 Millionen deutlich vor Baden-Württemberg, das mit 673 000 Muslimen Platz zwei einnimmt.

Die größte Gruppe der Muslime stammt – ebenfalls wenig verwunderlich – aus der Türkei. Mit etwa 1,5 Millionen stellen die Türken aber nicht einmal 40 Prozent aller Muslime in Deutschland. Wahrscheinlich, weil viele im Zuge ihrer Einbürgerung aus der Statistik verschwunden sind. Man sollte diese Zahlen also immer mit Vorsicht genießen. Ich wette trotzdem, dass die meisten Deutschen den türkischen Anteil der Muslime viel höher eingeschätzt hätten. Zum einen, weil ihr erster Kontakt mit Muslimen aufgrund der Einwanderungshistorie oft tatsächlich mit Türken stattfand. Zum anderen, weil es ein weitverbreitetes Klischee ist, Muslime mit Türken gleichzusetzen.

Mit weitem Abstand hinter der Türkei folgen Muslime aus Südosteuropa, dem Nahen Osten und Nordafrika, um nur die größten Gruppen zu nennen. Diese Herkunftsregionen meine ich im Allgemeinen, wenn die Rede von straffälligen Migranten aus muslimisch geprägten Ländern ist. Das in jedem Satz haarklein auseinanderzunehmen wäre für die Lektüre äußerst ermüdend, deshalb betone ich es an dieser Stelle ein letztes Mal, auch wenn es für das ganze Buch gilt. Wo nötig, differenziere ich, vor allem natürlich in meinen Fallbeispielen.

Jetzt mal eine wirklich interessante Zahl: Von den vier Millionen Muslimen ist jeder zweite jünger als 25 Jahre. In dieser Bevölkerungsgruppe herrscht folglich eine deutlich andere Altersstruktur als in der übrigen Bevölkerung. Zum Teil erklärt allein dieser Umstand die Tatsache, dass prozentual die Straftäter aus der Gruppe der Muslime immer mehr werden, denn generell begehen jüngere Menschen eher Straftaten. Und er ist wichtig, wenn man die zukünftige Gesellschaftsentwicklung ins Visier nimmt.

Meine beste Freundin ist Türkin. Wir kennen uns aus der Schule und sind seit Jahren unzertrennlich - nur das Thema Religion sparen wir lieber aus, da haben wir unterschiedliche Ansichten, und es käme früher oder später zum Streit. Das hat weder sie noch mich daran gehindert, dass ich ihre Trauzeugin wurde. Wir tolerieren die unterschiedlichen religiösen Ansichten der anderen - und reden lieber über Dinge, die uns beide interessieren ...

Ich weiß also nicht nur aus Konfrontationen mit straffälligen Muslimen bei meiner Arbeit, dass das Thema Religion heikel ist. Und es wird gerne instrumentalisiert: »Sie kontrollieren mich nur, weil ich einen Vollbart trage und Muslim bin« und ähnliche Vorwürfe höre ich immer wieder. Es gibt sicher Muslime, die zu Unrecht verdächtigt werden. Aber viele begeben sich auch freiwillig in eine Opferrolle, aus der heraus sie dann genauso vorurteilsbeladen ihr Gegenüber attackieren, sei es die Polizei, der Staat oder Andersgläubige. Dieser Form von Doppelmoral begegne ich immer wieder. Und es ist leider auf Dauer ziemlich ermüdend.

Mir geht es hier nicht um eine pauschale Islamkritik.

Von mir aus kann jeder glauben, was er will. Wer sich mit dem Thema Integration allerdings kritisch auseinandersetzt, der kommt früher oder später um eine Frage einfach nicht herum: Warum leiden Muslime so auffallend oft unter Integrationsproblemen? Warum sind sie so auffallend oft unter den straffälligen Personen mit Migrationshintergrund vertreten?

Um mich den Antworten auf diese Fragen zu nähern, werde ich die auffälligsten Probleme beleuchten. Diese liegen meines Erachtens in archaischen Familienstrukturen, im Patriarchat, in der Unterdrückung der Frauen, in autarken Parallelgesellschaften, die den deutschen Staat nicht nur überflüssig machen, sondern zum Hindernis erklären. Anfangen aber möchte ich mit den Jüngsten, mit denjenigen, die ihre »Heimat« höchstens aus dem Sommerurlaub kennen. Die hineingeboren wurden in diese Zerrissenheit, nirgends wirklich dazuzugehören, die sogenannten Deutschländer, wie Seyran Ateş sie nennt. Die eigentlich nichts dafürkönnen und sich dennoch schuldig machen. Warum werden bei ihnen die typischen Integrationsprobleme nicht nur sichtbar, sondern immer schlimmer?

»DU KANNST MIR GAR NIX, ALTER« – IMMER JÜNGER, IMMER AGGRESSIVER

Zusammen mit einem Kollegen fuhr ich Präsenzstreife, das heißt, wir waren ohne ein bestimmtes Ziel in Bochum-Mitte unterwegs, um »nach dem Rechten zu sehen«, als mir drei Heranwachsende auffielen, schätzungsweise gerade mal volljährig. Sie überquerten die Straße unmittelbar vor unserem Streifenwagen, lachten uns im Vorbeigehen aus und gestikulierten. Sie hoben die Arme und ihr Kinn provokant in unsere Richtung, um auszudrücken, die Polizei solle doch herkommen, wenn sie etwas von ihnen wolle, und äußerten »Scheiß Bullen«, welches ich durch die geöffnete Fahrerscheibe hörte. Es war ihr übliches Machogehabe, um auf sich aufmerksam zu machen und uns ein bisschen zu provozieren. Mir blieb nichts anderes übrig: Ich hielt an und kontrollierte sie. Unternehme ich gegen dieses Verhalten nichts, wird es beim nächsten Mal nur noch schlimmer und womöglich aggressiver.

Die drei waren der Polizei bereits gut bekannt, sie stammten aus einer libanesischen Großfamilie mit etlichen kriminellen Mitgliedern. Alle drei hatten sich ihre Akteneinträge mit den üblichen Gewalt- und Eigentumsdelikten »redlich« verdient. Während der Kontrolle lachten sie sich weiter schlapp. Als ich sie darauf ansprach und sie darauf hinwies, dass es sich hier um eine Polizeikontrolle handelte, die sie ernst nehmen sollten, fragte mich einer, ob das heute mein erster Tag sei. Und: »Da muss wohl jemand seine Macht ausspielen, was?«

Ein anderer nahm sein Handy und spielte damit rum. Ich forderte ihn auf, es wegzustecken, doch er entgegnete mir, jetzt schon ein bisschen aggressiver: »Ich lege mein Handy weg, wann *ich* will!« Selbst bei Kontrollen durch die Polizei, oder wie in diesem Fall: erst recht, wenn die Polizei da ist, wird zum Handy gegriffen, fotografiert oder gefilmt, Freunde über WhatsApp oder sonst irgendwie informiert. Gerne werden auch Leute zusammengetrommelt, um unsere Arbeit zu behindern – so weit kam es hier aber nicht.

Nachdem ich kurz genauso laut wie die drei jungen Libanesen wurde und sie noch einmal aufforderte, ihre

Handys wegzustecken, änderte sich ihr Gesichtsausdruck. Nun merkten sie endlich, dass die Situation nicht mehr ganz so lustig für sie war, dass sie eine Grenze erreicht hatten. Einer fing sogar an zu zittern. Allerdings nicht aus Angst, sondern aus Wut. Wie gern er mir eine reingehauen hätte, war ihm förmlich anzusehen, seine Augen schossen Blitze in meine Richtung. Es ist erniedrigend und peinlich, von der deutschen Polizei, insbesondere von einer Frau, laut zurechtgewiesen zu werden. Doch kaum war die Kontrolle vorüber, zogen sie amüsiert weiter und benahmen sich wie gehabt. Sie lachten eher noch ein bisschen lauter als vorher.

Wir Polizisten haben rechtlich keinerlei Handhabe gegen solch ein Verhalten. Und das wissen diese Jungs nur zu gut. Sie wissen ganz genau, wie weit sie gehen können, ohne dafür belangt zu werden. Nicht nur, dass der Staat missachtet wird. Auf Dauer leiden vor allem die Beamten und deren Psyche unter diesen permanenten Erniedrigungen, mögen sie im Einzelfall auch noch so harmlos erscheinen. Man braucht da schon ein dickes Fell.

Solch ein Verhalten sollte mit einer Ordnungswidrigkeit geahndet werden. Bei jedem Verkehrsverstoß wird der Bürger selbst für Lappalien zur Kasse gebeten, während dieses respektlose, provokante Verhalten keinerlei Sanktionen nach sich zieht. Dabei hat es sehr wohl negative Folgen, wenn bei jedem dieser kleinen Machtspielchen der Respekt mehr oder weniger schleichend untergraben wird. Es trifft Sanitäter und Ärzte, Busfahrer und Schaffner, Feuerwehrmänner und Polizisten, im Prinzip alle, die eine »offizielle« Funktion haben und in einem beschränkten

Weltbild Deutschland repräsentieren. Auch bei dem geschilderten Fall waren es am Ende mein Kollege und ich, die sich wieder ein bisschen macht- und hilfloser fühlten, als wir unsere Streife unter dem Gejohle der libanesischen Jungs fortsetzten.

Wenn es sich in Fällen wie diesem nicht einmal um Heranwachsende oder Jugendliche handelt, sondern eigentlich noch um Kinder – dann ist Respektlosigkeit nicht einfach nur ärgerlich, sie tut doppelt weh. Nicht nur, weil sie verletzend sein kann, sondern vor allem, weil einem diese Kinder leidtun müssen: Sie scheinen nur noch wenige Chancen zu haben, eine normale Rolle in unserer Gesellschaft einnehmen zu können. Und können selbst am wenigsten dafür. Wie soll ihre Zukunft aussehen? Und: Wie soll unsere gemeinsame Zukunft aussehen?

Kinder und Jugendliche haben schon immer rebelliert. Das gehört zu einer gesunden Entwicklung dazu. Auch ich habe immer wieder versucht, meinen Dickschädel durchzusetzen: gegen Mitschüler, gegen Lehrer, gegen meine Eltern. Aber das meine ich hier gar nicht. Es liegt mehr im Argen, wenn man als Polizist von Jugendlichen bespuckt und beleidigt wird, nur weil man Polizist ist. Das hat dann nichts mehr mit Rebellion in der Pubertät zu tun. Diese »Umgangsformen« schauen sich schon die Kleinsten von den Halbstarken ab, die sie wiederum von den Nächstälteren übernommen haben. Das Verhalten wird quasi traditionell weitergegeben. Und in der nächsten Generation höchstens noch »verfeinert« und an neueste technische Gadgets angepasst.

In der Entwicklung dieser Jugendlichen ist offensichtlich einiges schiefgegangen. Die Frage ist, wo: in der Schule, im Kindergarten, zu Hause? Zu dem Zeitpunkt, zu dem ich als Polizistin normalerweise den ersten Kontakt mit schwierigen Jugendlichen habe, gehen die meisten noch zur Schule. Beziehungsweise sie sollten es.

In meiner Schulzeit waren wir in der Grundschule zwei oder drei Kinder aus nichtdeutschen Familien in der Klasse. In der Realschule waren es dann schon ein paar mehr, aber immer noch eine kleine Minderheit. Mein Glück war es, dass ich eigentlich gar keine andere Wahl hatte, als auf meine deutschen Klassenkameraden zuzugehen. Ohne dass ich es merkte, war ich dabei, mich aktiv zu integrieren.

Heute haben sich die Klassenstrukturen, insbesondere bei den »schwachen« Schulen, um 180 Grad gedreht: Sie sind oft fest in ausländischer Hand, seit Jahren schon sinkt vor allem dort der Anteil an deutschen Muttersprachlern Richtung null.

Ich hatte vor Kurzem einen Einsatz an einer Gesamtschule. Es war gerade Pause, als ich ankam, und ich schaute mir die Kinder auf dem Schulhof an: Nicht ein augenscheinlich deutsches Kind fiel mir auf. Eine Lehrerin, die gerade Aufsicht hatte, kam auf mich zu, und ich fragte sie, wie groß der Anteil an deutschen Kindern an dieser Schule denn sei. Sie antwortete: »Um die fünf Prozent.« Vielleicht ein extremes Beispiel, aber vermutlich in Zukunft eher die Regel als die Ausnahme. Vor allem in deutschen Großstädten, in denen es heute schon Ballungszentren von bestimmten Migrantengruppen gibt: Duisburg, Gelsenkirchen, im Grunde das ganze Ruhrgebiet, Bremen/Bremerhaven, Berlin, die Liste wird aufgrund der demografischen Entwicklung immer länger werden.

Bei einem anderen Einsatz sprach mich eine deutsche Mutter an, sie hatte den Eindruck, dass ihr Kind im Kindergarten mehr türkische als deutsche Wörter lerne. Die Mutter wurde zum Beispiel immer öfter »anne« von ihrem Sohn genannt (was Türkisch für »Mutter« ist) und stellte fest, dass ihr Kind im Kindergarten kaum noch Fortschritte in der deutschen Sprache machte. Das musste sie alles zu Hause nachholen. Sie sagte, dass sie nichts gegen Ausländer habe, und machte auf mich auch nicht den Eindruck, fremdenfeindlich zu sein. Aber sie fand es nicht gut, dass ihr Kind kaum noch mit der deutschen Sprache konfrontiert wurde. Die ausländischen Kinder sprachen untereinander ihre eigene Sprache, meistens Türkisch. Sie meinte, sobald sie es sich leisten könne, würde sie zum Wohl des Kindes wegziehen. Ich muss zugeben: Ich kann das mittlerweile mehr als nachvollziehen. Ich würde als Mutter wahrscheinlich genauso denken und auch weitere Strecken zur Arbeit in Kauf nehmen, um mein Kind in einem Kindergarten mit geringerer Ausländerquote unterzubringen. Wenn man im eigenen Land zu einer so winzigen Minderheit geworden ist, dass bei der Sprachvermittlung nicht mehr auf einen Rücksicht genommen werden kann, dann können einem gerade als Eltern Zweifel kommen. Sieht so gelungene Integration aus? Sicher nicht.

Eine Kindergärtnerin erzählte, dass in vielen Kindergärten im Ruhrgebiet die Erzieher Türkisch lernen sollen – allein schon aus pragmatischen Gründen, um den Alltag besser bewerkstelligen zu können. Das konnte ich kaum glauben! Mit mir hat damals im Kindergarten niemand Griechisch gesprochen. Und es war auch nicht notwendig, denn Kinder lernen neue Sprachen sehr schnell, wie jeder weiß. Warum sollte das bei den türkischen Kindern heute nicht auch funktionieren?

In meinen Augen ist das ein völlig falsches Signal, das mit der Aufforderung, Türkisch zu lernen, gesendet wird, sowohl an deutsche als auch an türkische und alle übrigen Eltern. Und auch an die Erzieherinnen. Das ist ein Zeichen umgekehrter Assimilation - und führt nur dazu, dass auf unseren Straßen noch weniger Deutsch gesprochen wird. Weil es gar nicht erst beigebracht wird! Wenn man das zu Ende denkt, kann es nicht mehr lange dauern, bis Türkischkenntnisse zum normalen Einstellungskriterium für Erzieher, Lehrer, Ärzte und Polizisten werden. Pure Übertreibung? Was schaden ein paar zusätzliche Sprachkenntnisse, wenn sie den realen Lebensverhältnissen wachsender Teile der Bevölkerung schon längst entsprechen? Das würde nicht nur Ursache und Wirkung verdrehen, es würde noch weitere Schwierigkeiten mit sich bringen.

Denn nicht nur die Sprache ist ein Problem, sondern auch andere kulturelle »Gepflogenheiten«. Die Erzieherin erzählte mir noch eine weitere Geschichte. Ein türkisches Geschwisterpaar hatte sich im Kindergarten gestritten. Im Verlauf dieses Streits schlug der Junge seine Schwester. Die Erzieherin schimpfte mit dem Jungen und sagte ihm, dass man andere Menschen nicht schlagen darf. Und was passierte? Der Vater der beiden erschien am nächsten Tag im Kindergarten und machte der Erzieherin klar, dass sie seinem Sohn nichts zu sagen hätte. Der Junge hätte das Recht, seine Schwester zu schlagen, wann er wolle. Unfassbar! Und das Schlimmste: Es ist für die Einrichtungen fast nicht zu ändern. Denn es gibt kaum eine praktikable Handhabe gegen Eltern, mit denen man über Erziehungsfragen nicht diskutieren kann.

Und leider ist auch das kein Einzelfall. Die Lehrerin einer Grundschule berichtete mir, dass ein muslimischer Erstklässler zu ihr sagte, dass sie eine Frau sei und ihm nichts zu sagen habe. Solche Sätze höre sie immer öfter, selbst von den Jüngsten. Ganz abgesehen davon, dass es schwer ist, mit solchen Kindern den Unterricht für eine ganze Klasse zu gestalten: Was soll aus diesen Kindern werden, wenn sie mit solchen Ansichten ganz selbstverständlich aufwachsen? Ich kriege da wirklich Bauchschmerzen, denn natürlich glauben sie ihren Eltern und ihrem Umfeld mehr als ihren Lehrern. Von Polizisten ganz zu schweigen.

An Schulen besteht sicher Nachholbedarf, um den sich ändernden Anforderungen bei der Integration der immer größer werdenden Gruppe der Migrantenkinder gerecht zu werden. Wahrlich keine einfache Herausforderung, vor allem in Ballungsräumen mit hohem Migrantenanteil steht man vor den beschriebenen hohen Sprachbarrieren. Haben sich dort erst einmal soziale Parallelstrukturen etabliert, ist es für den Alltag überhaupt nicht mehr notwendig, die deutsche Sprache zu erlernen. Man kommt mit Türkisch oder Arabisch bestens über die Runden, beim Bäcker, beim Gemüsehändler und Friseur sowieso, beim Reisebüro und beim Rechtsanwalt. Dann wird es selbst für interessierte und willige Kinder schwer, denn sie müssten sich von ihrer eigenen Familie abgrenzen – das kann kein Kind der Welt!

Hat man die erwähnte demografische Entwicklung im Hinterkopf und führt sich die Entwicklungen der letzten

Jahre, die ich bislang nur angerissen habe, vor Augen, wird hoffentlich auch dem letzten Träumer und Problemaussitzer die Brisanz der Lage klar. Der Ansatzpunkt für eine bessere Integration müssen deshalb ganz klar die Eltern sein. Dort ist das größte Hindernis meist recht schnell entdeckt: Es lässt sich immer wieder beobachten, dass in muslimisch geprägten Familien bei der Erziehung ihrer Kinder Überzeugungen weitergegeben werden, die zum Teil nicht mit unserem Gesellschaftsbild, mit unseren Werten, unseren Gesetzen vereinbar sind.

Untersucht man die Lebensläufe von jugendlichen Straftätern, dann lassen sich immer wieder dieselben Merkmale feststellen. Die Jungen werden von Anfang an extrem verhätschelt und verwöhnt - absurderweise vor allem von ihren Müttern, denen sie schon bald auf der Nase herumtanzen. Sie erfahren von Anfang an im Grunde keine Grenzen für ihr Verhalten von der mütterlichen Seite. Der Vater hat zwar das Sagen, kümmert sich aber in der Regel nicht selbst um Erziehungsfragen. Aber wenn, dann sind Strenge und Gewalt ein weitverbreitetes Mittel. Mit der Folge, dass es in der Grundschule - teilweise auch bereits im Kindergarten - zu ersten Verhaltensauffälligkeiten kommt: Der Grundstein für Respektlosigkeit und Gewaltbereitschaft ist dann längst gelegt.

Werden die Eltern damit konfrontiert, wird die Ursache für die Probleme gerne beim Schulsystem, der betroffenen Schule oder bei einzelnen Lehrern gesucht. Die Vorwürfe reichen von Unfähigkeit über Benachteiligung bis Rassismus. Die Beschwichtigungen der Eltern nach dem Motto »Das sind doch noch Kinder« oder »Zu Hause ist er immer brav« sind in den seltensten Fällen glaubhaft. Oder oftmals wird erst gar nicht mit der Schule kommuniziert.

Im Allgemeinen werden die Jungen zu Hause nur wenig kontrolliert (im Gegensatz zu den Mädchen) und bestimmen schon früh selbst, was sie tun oder lassen - im Hinblick auf die Schule immer öfter Letzteres. Diese Kinder gehen zur Schule, ohne dass ihnen jemand überzeugend erklären könnte, wieso überhaupt. Es kommt zu immer mehr Fehlzeiten, die sie mit Freunden irgendwo verbringen, natürlich ohne Beaufsichtigung oder Kontrolle. Auch Anfang und Ende von Schulferien gelten in diesen Familien höchstens als grobe Orientierung für die Urlaubsplanung, Elternabende werden als freiwillige Veranstaltungen aufgefasst, wenn überhaupt. Früher oder später droht die Wiederholung eines Schuljahrs. Falls es bis dahin noch keinen Ärger wegen Mobbing, Diebstahl oder physischer Gewalt gab - sonst kommt es oft zu einem ersten Schulwechsel. Damit werden die Probleme zwar nicht gelöst, sondern nur verschoben - aber damit scheinen erst einmal alle glücklich. Nicht selten auch die Schule, die sich nun um einen Störenfried weniger kümmern muss.

Aber damit wird es meistens nicht besser, im Gegenteil: Die Fähigkeit, Bezüge zu anderen Menschen aufzubauen, wird nur noch weiter untergraben. Wer als Problem nur von A nach B verschoben wird, stellt sich schnell die Frage: Warum überhaupt noch länger die Schule besuchen, wo man doch eh nur Demütigungen erlebt und nie die Anerkennung finden wird, die einem nach eigenem Ermessen zusteht? Die einzige Form von Respekt, die man sich dort verdienen kann, ist die, die man sich mit Gewalt holt. Bereits Zehnjährige fallen dadurch auf, Mitschüler unter

Druck zu setzen, ihnen Geld abzuziehen, sie zu schlagen und zu treten. Wenig später folgen immer härtere Übergriffe, begleitet von Drohungen. Mit 13, 14 Jahren kommen dann vermehrt auch sexuelle Motive dazu.

Ein Schuljahr zu wiederholen ist in den Lebensläufen jugendlicher Straftäter keine Seltenheit. Das kriegen dann auch manche beratungsresistente Eltern mit und reagieren manchmal mit einem »Erziehungsurlaub« in den Herkunftsländern der Familie. Meist ohne erkennbare Auswirkungen nach der Wiederkehr nach Deutschland. Wird der Abwärtsstrudel aus Schulwechseln und/oder Sitzenbleiben nicht durchbrochen, endet die Schullaufbahn meist ohne Abschluss.

Spätestens jetzt ist die Perspektive für ein halbwegs normales Leben in dieser Gesellschaft auf einem Tiefpunkt angelangt. Die Eltern kann man für ihre Verweigerungshaltung nicht mehr zur Rechenschaft ziehen. Spätestens jetzt muss die Gesellschaft sehen, wie sie damit fertigwird.

Jeder Mensch erfährt seine primäre Sozialisation in seiner Familie. Auch der Ort der Geburt beziehungsweise des Aufwachsens spielt eine wichtige Rolle, da er zum Beispiel hinsichtlich der Reaktionen auf Hautfarbe, Religionszugehörigkeit und Ähnlichem prägend ist: Wer nur unter seinesgleichen aufwächst, hat später größere Probleme, mit Andersartigem zurechtzukommen – seien es Kinder, die im goldenen Käfig aufwachsen und im SUV sicher von Event zu Event gekarrt werden, oder Kinder aus sozialen Brennpunkten. Letzteren fällt es allerdings besonders schwer, weil es bei ihnen oftmals schon an den einfachsten Regeln des sozialen Miteinanders hapert und Gewalt kein

Fremdwort ist - zumindest in der Praxis, wie wir bereits gesehen haben.

Die Grenzen zwischen Familie und Umfeld sind ab einem gewissen Zeitpunkt fließend, die größere Verantwortung liegt aber zunächst einmal eindeutig bei der Familie. Was Kinder zu Hause nicht lernen, kann direkt zu Konflikten und Schwierigkeiten im späteren Umfeld führen. Wenn wir hier von Integrationsproblemen sprechen, heißt das natürlich nicht für Migranten, dass sich ihre Kinder unter kompletter Verleugnung ihrer Herkunft möglichst unauffällig assimilieren sollten, schließlich gibt es ähnliche Probleme auch bei deutschen Kindern. Aber ein geschärftes Bewusstsein für die Anforderungen, die hier gestellt sind, wäre schon eine große Hilfe. Andernfalls ist das Annehmen einer Opferrolle viel zu leicht, ja fast schon unvermeidbar - und das ist keine Lösung, sondern führt nur zu einer weiteren Verhärtung des Problems.

Warum ist es so schwierig, die Eltern zu erreichen, zu beeinflussen? Woher kommt diese konsequente Verweigerung der Kooperation?

Während in deutschen Familien in sozialen Brennpunkten oft Bildungsschwäche, Arbeitslosigkeit, jahre- und jahrzehntelange Abhängigkeit von Sozialleistungen sowie Alkoholismus als Ursachen für die mangelnde Kooperationsbereitschaft mit Kindergärten und Schulen ausgemacht werden können, fehlt in muslimisch geprägten Familien darüber hinaus oftmals ein grundsätzliches Verständnis von Verantwortlichkeit. Aus ihren Herkunftsländern sind es viele Eltern gewohnt, dass Erziehungsaufgaben gänzlich an die jeweiligen Einrichtungen abgegeben werden. Das ist dann das Problem der Kindergärten und Schulen, als hätte man selbst damit nichts am Hut. So ist auch zu erklären, dass diese Eltern, wenn sie überhaupt mit den Einrichtungen kommunizieren, meist nur Anforderungen stellen oder Vorwürfe loswerden. Tauchen dann Probleme auf, sind die Eltern schnell überfordert, weil sie selbst nie gelernt haben, mit solchen Situationen konstruktiv umzugehen.

Möchte man die Jugendlichen wieder auf eine normale Bahn bringen, muss trotzdem versucht werden, die Eltern mit ins Boot zu holen. Wenn uns das nicht gelingt, ist der Zug für Schulen, Kindergärten, Jugendamt, Polizei, Justiz und erst recht für den Rest der Gesellschaft eigentlich schon abgefahren.

Das folgende kleine Beispiel ist geeignet, um einen kulturellen Unterschied, insbesondere was die Erziehung angeht, darzustellen:

Ein türkischer Junge, etwa zehn Jahre alt, wurde bei einem Ladendiebstahl erwischt. Nachdem wir ihn auf die Wache gebracht hatten, informierten wir die Eltern. Als sie kamen, ging die Mutter sofort zu ihrem Jungen, streichelte ihn und küsste seinen Kopf. Sie sprach mit ihm auf Türkisch. Ich verstand zwar nicht viel, konnte aber durch den niedlichen Tonfall und das Bemuttern erkennen, dass sie ihren Jungen tröstete! Doch der Junge drückte seine Mutter weg und gab ihr mit einem missachtenden Blick zu verstehen, sie solle ruhig sein. Der Vater sagte so gut wie nichts.

Ich schaute mir das Verhalten der Eltern einige Zeit an. Hier war klar, wer das Sagen hatte. Das Kind! Für die Eltern war dieser Junge ein kleiner Pascha, der eventuell einen kleinen Fehler gemacht hatte. Aber dafür dürfe man den Jungen doch nicht bestrafen.

Als ich den Vater fragte, ob er nicht mit seinem Sohn reden und ihn in die Schranken weisen wolle, antwortete er: »Was soll ich denn tun?«

Da reichte es mir, und ich führte mit ihnen ein erzieherisches Gespräch. Ich erklärte, dass sie und nicht die Polizei für die Erziehung der Kinder verantwortlich seien. Ich könne zwar mit kurzfristigem Rat zur Seite stehen und gegebenenfalls mit Sanktionen kurzfristig abschrecken, mehr aber nicht. Ich prophezeite den Eltern, dass wenn sie bei ihren Erziehungsmethoden bleiben würden, der Junge höchstwahrscheinlich seine kriminelle Karriere fortsetzen würde. Es fängt mit kleinen Diebstählen an und setzt sich mit Raubdelikten fort. Doch sie wollten es nicht wahrhaben.

Wenn man sich die Extremfälle anschaut, jugendliche Mehrfach- und Intensivtäter[4], dann kommt man um Kirsten Heisig nicht herum. Sie war bis zu ihrem frühen Tod 2010 eine der engagiertesten Jugendrichterinnen in Deutschland. Das »Neuköllner Modell«, mit dem sie (zusammen mit ihrem Kollegen Stephan Kuperion) dem wachsenden Problem jugendlicher Gewalttäter entgegentrat, sorgte bei seiner Einführung im selben Jahr für große Diskussionen. Ich halte das Modell für einen richtigen Ansatz, weil es auf schnelle Verfahren und konsequente Urteile auf Basis einer praxisorientierten und pragmatischen Kooperation aller »betroffenen« Einrichtungen setzt: von der Schule über das Jugendamt bis zu Polizei, Staatsanwaltschaft und Justiz. Aus meiner Praxis kann ich

4 Für die Begriffe »Mehrfach-« bzw. »Intensivtäter« gibt es bundesweit keine einheitliche Definition. Die Bezeichnung ist regional unterschiedlich, gelegentlich werden beide Begriffe auch synonym verwendet. Laut PKS (Polizeiliche Kriminalstatistik) begehen Mehrfachtäter zwei bis vier Straftaten pro Jahr, Intensivtäter vier oder mehr pro Jahr.

die allermeisten Erkenntnisse, die Kirsten Heisig diesem Modell in ihrem Buch *Das Ende der Geduld* zugrunde legte, nur bestätigen und würde es auch außerhalb Berlins sehr begrüßen (aktuell wird es meines Wissens nur in Teilen Bayerns umgesetzt).

Kirsten Heisig ging einen ungewöhnlichen, für manche auch unbequemen Weg: Sie versuchte, bürokratische Hürden im Rahmen ihrer Möglichkeiten zu umschiffen und die Jugendlichen direkt zu erreichen. Sie hatte es satt, die eingefahrenen Wege des juristischen Systems zu beschreiten, weil die ihrer Meinung nach die Probleme ganz offensichtlich nicht behoben, und krempelte die Ärmel hoch. Ihre feste Überzeugung war es, durch schnelle Urteilssprüche und, wenn nötig, harte, aber gerechte Strafen wirkungsvoll in die Erziehung eingreifen zu können. Voraussetzung für das Gelingen des Modells war ihrer Meinung nach sowohl eine enge Zusammenarbeit mit der Polizei als auch Präventionsarbeit mit den Eltern jugendlicher Straftäter. Um sich ein Bild von den realen Lebensumständen der Jugendlichen zu machen, informierte sie sich vor Ort, ging persönlich in die sozialen Brennpunkte und Schulen, sprach mit Lehrern und versuchte, über verschiedene Wege, Kontakt zu den Eltern aufzunehmen, etwa über türkische oder arabische Verbände.

Hier sind wir wieder an dem Punkt, wie es gelingen kann, die Erziehungsverantwortlichen mit ins Boot zu holen. Am besten wäre es natürlich, die Eltern auf freiwilliger Basis dafür zu gewinnen. Mit übermäßig viel Einsicht ist bei den beschriebenen Ausgangslagen zwar eher nicht zu rechnen, vor allem nicht, wenn die Erziehungsvorstellungen besonders archaisch sind. Aber das Angebot muss natürlich gemacht werden. Fällt der Groschen bei den Eltern nicht, was der zweite Teil des Wortes Schulpflicht in der Praxis für sie als Erziehungsberechtigte bedeutet, führt meiner Ansicht nach kein Weg an Sanktionen vorbei, auch bei Sozialhilfeempfängern, auch bei Migranten. Ohne Schule keine Bildung, ohne Bildung keine gesellschaftliche Teilhabe.

Bevor es zu härteren Sanktionen kommt, sollten zunächst verpflichtende Elterngespräche stattfinden, sobald es erste Konflikte mit dem Gesetz gegeben hat. Und zwar möglichst bald, nachdem diese polizeilich festgestellt wurden. Wenn hierzu beispielsweise Lehrer und Polizeibeamte gemeinsam erscheinen würden, wäre sofort klar: Schule und Polizei arbeiten zusammen, die Sache ist ihnen wirklich ernst. Auch Schulpsychologen sollten – falls vorhanden – dabei sein.

Diese Elterngespräche sollten je nach Schwere der Tat keine einmalige Sache sein, sondern über einen längeren Zeitraum öfter stattfinden – jedes Mal verpflichtend, jedes Mal mit denselben Konsequenzen bei Missachtung. Wird nicht kooperiert, drohen Leistungskürzungen beziehungsweise ein Bußgeld – das ist manchmal leider die einzige Sprache, die überall gesprochen wird. Kirsten Heisig hatte jedenfalls die Erfahrung gemacht, dass Bußgelder spätestens dann gezahlt wurden, wenn sie im Fall der Nichtzahlung eine Woche Haft androhte. Wenn es darum geht, Transferleistungen vom Staat zu beantragen, gelingt es schließlich auch, sich an die eingeforderten Regeln zu halten. Wieso sollte das nicht zum Wohl des eigenen Kindes verlangt werden können?

Elterliches Versagen wird aus meiner Sicht viel zu lange

geduldet. Wenn Kinder bereits eine dicke Akte bei uns haben, bevor sie strafmündig werden, sollte es eigentlich nicht allzu schwierig sein, die Eltern dieser Problemfälle frühzeitig ausfindig und verantwortlich zu machen. Die Kooperationsbereitschaft beziehungsweise deren Mangel wird schon früh deutlich - hier sollte von Anfang an mehr eingefordert werden, anstatt eine lange Leine zu geben. Denn das Problem potenziert sich in Zukunft nur: Die Verweigerungshaltung wird sehr wahrscheinlich »erfolgreich« an die Kinder weitergegeben, die ihre Opferrolle dann schon jahrelang trainiert haben. Hiesiges Recht wird genauso wenig geachtet wie hiesige Werte - darauf sollten wir aber stärker bestehen, solange wir noch davon überzeugt sind.

Was man bei den Sanktionen nicht zuletzt bedenken sollte, ist die abschreckende Wirkung - denn sie werden sich auch bei bislang uninteressierten Eltern herumsprechen. Bisher ist jugendlichen Straftätern kaum beizukommen. Bevor auch mal härtere Strafen drohen, haben sie schon reichlich Erfahrung mit Sozialstunden, Anti-Aggressions-Trainings und psychologischer Betreuung gesammelt. Letztere wird vielen Opfern in unserem Land übrigens in wesentlich geringerem Umfang zuteil als Tätern, was eigentlich auch nicht sein kann!

Die Ansicht einiger Kriminologen, dass eine »Strategie des Zuwartens« bessere Ergebnisse bringen und Milde sich auszahlen würde, kann ich aufgrund meiner Praxiserfahrung nicht teilen. Das ist Sozialromantik aus längst vergangenen Tagen. Ich würde diesen Herren empfehlen, sich wie Kirsten Heisig öfter mal persönlich in die sozialen Brennpunkte zu begeben und Täter wie Opfer in ihrem realen

Umfeld zu erleben. Vielleicht rückt das ihren Blickwinkel vom Schreibtisch aus ein wenig zurecht.

Wie sehr das Problem mit jugendlichen Straftätern drängt, belegen auch neuere Erhebungen: Zum Beispiel hat die Zahl gefährlicher und schwerer Körperverletzungsdelikte von 2003 bis 2012 um 24 Prozent zugenommen. Fast die Hälfte der Tatverdächtigen ist unter 21 Jahre alt. Gemessen an ihrem Bevölkerungsanteil dominieren vor allem Männer türkisch-arabischer Herkunft diese »Ranglisten«.

Der Weggefährte von Kirsten Heisig, der Jugendrichter Stephan Kuperion, bestätigte diese Entwicklung. »Es ist eine Tendenz erkennbar, dass es Täter gibt, die zu immer brutaleren Möglichkeiten der Körperverletzung schreiten. Und da muss man Einhalt gebieten. Da muss man auch konsequent sein, da muss man auch schnell sein. Und da ist auch Härte gefragt. Ich bin überhaupt nicht – und Frau Heisig auch nicht – ein genereller Befürworter der Härte und sage: alle in den Arrest!« Dahinter steht vor allem auch eine pädagogische Überzeugung, die Kirsten Heisig so beschrieb: »Ich sage immer: Knast light oder Schnupperkurs, was Freiheitsentzug anbelangt. Und jemand, der dabei ist, eine kriminelle Karriere zu entwickeln – wenn man den mit 14, 15 in den Arrest steckt, ist er besser bedient, als wenn wir noch drei Jahre warten und er dann für fünf Jahre in die Jugendstrafanstalt muss.«

An jugendlichen Gewalttätern lassen sich die Probleme ablesen, auf die wir immer öfter zusteuern werden, wenn wir es nicht schaffen, sie und ihre Eltern zu integrieren. Sie werden nicht von alleine weniger werden, das Gegenteil ist zu befürchten. Das bedeutet natürlich nicht, dass hinter jedem lauten Jungen mit südländischem Aussehen gleich auch ein potenzieller Intensivtäter steckt, den man wegsperren muss, bevor er Unheil anrichtet. Dennoch erlebe ich viele Bürger, die schon mit dem auffallenden Temperament, das genauso in der kulturellen Prägung verankert ist wie die Erziehungsvorstellungen, ihre Schwierigkeiten haben. Oder schlicht und ergreifend: Angst.

Lärmen, Rumbrüllen, Pöbeln, bevor es zur eigentlichen Sache kommt - wenn es die überhaupt gibt. All diese Ablenkungsmanöver sind mir bestens vertraut, ich erlebe sie fast täglich. Sie gehören zum Standardrepertoire und werden von Migranten gerne damit erklärt, dass sie zu »unserer Kultur« gehören. In diesem Punkt stimme ich absolut überein. Die kulturelle Prägung ist unverkennbar - und setzt sich leider gegen jede Form von zurückhaltendem Respekt durch. Schwache, Stille, Vorsichtige und Ängstliche sind automatisch Opfer. Und wer Opfer schützt, macht sich selbst zum Feind. Dafür muss man nicht einmal als Polizist erkennbar sein.

Wenn ich gelegentlich privat mit öffentlichen Verkehrsmitteln unterwegs bin und sehe, wie sich insbesondere muslimische Jugendliche benehmen, könnte ich manchmal fast ausflippen. Sie reden in ihrer »Kanak Sprak«, auch Kiezdeutsch genannt, halb Deutsch, halb Türkisch, »isch, misch, disch« - Sie kennen das sicher auch. Gut, das ist gerade noch zu verkraften. Doch irgendwann fangen sie an zu provozieren, einfach so, ohne jemanden konkret ins Visier zu nehmen. Sie sagen laut und deutlich hörbar »scheiß Deutsche« oder »dieses Scheißland«. Und das sind wirklich noch die harmlosen Ausdrucksweisen.

Und was machen die anderen Fahrgäste? Nichts. Sie

schauen nur bedröppelt zu Boden. Keiner, wirklich keiner mischt sich ein. Die Leute haben Angst davor, sich Ärger einzubrocken – die Nachrichten sind ja schließlich voll von U-Bahn-Schlägern. Oder, noch schlimmer, es ist ihnen egal. Beides hat zur Folge, dass sich keiner mehr wohlfühlt, wenn diese Jugendlichen einen Bus, eine S-Bahn oder einen öffentlichen Raum betreten. Man überlässt ihnen kampflos die Hoheit über ein Gebiet und bestärkt sie damit nur in ihrem Verhalten. Was das für Jugendliche bedeutet, die sonst nur wenig Bestätigung erfahren, weder in der Schule noch zu Hause, kann man sich leicht ausmalen. Sie werden dafür belohnt, Stärke und Gewalt zu demonstrieren. Unsere Angst ist ihre Währung.

Wenn ich so einen Auftritt erlebe, weise ich diese Jungs (nur selten sind Mädchen dabei) in einem scharfen und selbstsicheren Ton zurecht. Merken sie Schwäche, hat man gleich verloren und wird aufs Schlimmste beleidigt. Wenn man Pech hat, bleibt es nicht dabei, aber meistens benehmen sie sich nach so einer Ansage besser. Die Gefahr, auch körperlich angegriffen zu werden, ist mir zu jeder Zeit bewusst. Im schlimmsten Fall werde ich zusammengeschlagen, ohne mit der Hilfe der anderen Fahrgäste rechnen zu können. Glücklicherweise konnte ich bisher aufgrund meiner Berufserfahrung die Gefahrenlage richtig einschätzen.

Das ist für den Normalbürger oft nicht so einfach, und deshalb ist im Zweifel auch davon abzuraten, überstürzt zu handeln. Diese Jugendlichen warten nur auf eine falsche Reaktion, um einen neuen Vorwand zu haben, ihre Tour eine Runde weiter zu drehen. Wenn die Situation eskaliert und die Täter ein Opfer gefunden haben, wird die Lage für alle brenzliger. Das Gewaltpotenzial kann sich sehr schnell hochschaukeln. Unternehmen Sie in solchen Situationen keine Alleingänge, auch nicht, wenn Sie kampfsporterprobt sind. Man weiß mittlerweile nie, ob nicht sogar schon Jugendliche mit Messern oder anderen Waffen herumrennen. Nehmen Sie Blickkontakt zu anderen Fahrgästen auf, suchen Sie sich Verbündete. Gelingt das nicht, rufen Sie Hilfe per Telefon, am besten unauffällig, damit Sie nicht selbst zur Zielscheibe werden.

Dieses Dominanzverhalten soll im Grunde nur eines ausdrücken: Macht. Und zwar in zwei Richtungen. Nach außen bedeutet es: »Wir haben hier die Kontrolle«, und nach innen: »Ich bin hier das Alphamännchen.« Es ist also, unabhängig von den wahren Auslösern dieses Verhaltens, eigentlich nichts weiter als das dumpfe alte Spiel um Macht und Status.

Schafft man es nicht, seinen Status zu halten oder auszubauen, dann droht Gesichtsverlust. Die verletzte Ehre, von der immer wieder zu hören ist, wird tatsächlich wie eine tiefe Verletzung empfunden (mehr dazu im nächsten Abschnitt). Das sind Wunden, die manchmal ein Leben lang nicht mehr wirklich heilen – je nachdem, wie stark die Überzeugung von diesem Weltbild verankert ist. Im Alltag dieser Jugendlichen führt das Dominanzverhalten oft zu affektiver, spontaner, nicht geplanter Gewalt. Auf öffentlichen Plätzen, in Parks und in Schulen ist das die häufigste Form von Gewalt, genauso in Problembezirken, in denen Schlägereien generell nichts Unübliches sind. Die Täter zählen überwiegend zur Altersgruppe zwischen 14 und 25 Jahren.

Das Dominanzgehabe ist aber nicht nur ein Merkmal von pubertierenden Jugendlichen, zu denen das in gewissen Grenzen ganz natürlich dazugehört. Es kann nicht nur von unkontrollierbaren Hormonen ausgelöst werden, sondern auch von festen Vorstellungen, überlieferten Traditionen, archaischen Weltbildern. Wer mit Gewalt groß geworden ist, oder etwas schwächer formuliert: wem Gewalt als Erziehungsmittel nicht fremd ist, für den ist sie ein naheliegendes Mittel zur Behebung von Problemen. Zumal, wenn man sonst nur über wenig andere Instrumente zur Problembewältigung verfügt.

Gesichtsverlust lässt sich dummerweise bei Konflikten kaum vermeiden – eine Seite erwischt es immer. Für das Opfer kann die Verletzung der eigenen Ehre gravierende Konsequenzen haben, weil es wie gesagt eine hochemotionale Verletzung darstellt. Auch wenn tatsächlich physische Gewalt im Spiel ist, wiegt die psychologische Erniedrigung des Gesichtsverlusts viel schwerer. Was sind schon ein paar gebrochene Knochen gegen den Verlust der Ehre?

An dieser Stelle fehlt in diesen Kulturen Empathie oft gänzlich, was zählt, ist allein Status. Das erklärt auch hier wiederum die Tatsache, dass Gewalttäter oft selbst Gewalt erfahren haben, sei es in der Familie oder im direkten Umfeld. Die geringe Bedeutung von Empathie ist also antrainiert. Und wer damit ganz selbstverständlich groß wird, hat natürlich Schwierigkeiten, dem Teufelskreis zu entkommen. Genau vor diesem Dilemma stehen viele muslimisch geprägte Jugendliche, wenn wir ihnen nicht Hilfestellung leisten, diesen Kreis zu durchbrechen.

Auch Minderwertigkeitsgefühle und Versagensangst können zu Dominanzgewalt führen. Und, vor allem bei Jugendlichen immer häufiger der Fall: reine Langeweile. Sie wissen einfach nichts mit sich anzufangen, haben kaum eine Orientierung, die lohnenswert erscheint (was sie nebenbei bemerkt auch anfällig für extremistisches Gedankengut macht). Klingt banal, aber Langeweile ist ein echtes Problem für diese Jungs. Sie können ihm leider mit nichts anderem begegnen als mit ihren üblichen Machtspielchen.

Ob nun in der kulturellen Prägung veranlagt oder hauptsächlich durch die Perspektivlosigkeit verursacht, Dominanzgewalt ist gerade bei jugendlichen Straftätern manchmal eigentlich ein Hilferuf. Sie sind auf der verzweifelten Suche nach Anerkennung. Wenn sie die weder zu Hause noch in der Schule oder sonst wo erfahren, geraten sie schnell in einen Abwärtsstrudel: Enttäuschte Träume führen zu gewalttätigen Überreaktionen, das enttäuscht wiederum die Umwelt, die daraufhin erst recht ihre Anerkennung verweigert.

Gesichtsverlust führt oft zu affektiver Gewalt. Hier ist wenig bis nichts geplant, es kommt zu einer spontanen Reaktion. Das sind genau die Situationen, die ohne Vorankündigung eskalieren. Selbst wenn einem das Konstrukt aus Dominanzgehabe und Ehre bewusst ist (und ich habe es schon öfter erlebt, als mir lieb ist), bleibt es unheimlich schwer, den Punkt zu erkennen, an dem die Sache kippt und der Konflikt explodiert.

Deeskalation heißt dann in der Praxis für uns Polizisten oft einfach nur: bloß kein Risiko eingehen. Mit der Konsequenz, dass wir uns frühzeitig zurückziehen müssen, um Verletzte auf beiden Seiten zu vermeiden. Dass unser Rückzug in den Augen der anderen nichts weiter als eine Bestätigung für das eigene respektlose Verhalten ist, ist die traurige Realität, die die ganze Problematik für uns nur noch weiter verschärft. Es ist so, als hätten sie uns damit einen Gesichtsverlust zugefügt – und das wird in ihrem simplen Weltbild von Starken und Schwachen natürlich als voller Erfolg interpretiert.

Und so was behält man natürlich nicht für sich. Tue »Gutes« und rede darüber – die alte Marketingweisheit kennen auch die Kleinsten. Dank sozialer Medien ist das heute auch kein Problem, das spricht sich schneller herum, als man gucken kann. Und beim nächsten Aufeinandertreffen wird dann versucht, die Grenzen noch ein Stückchen weiter zu verschieben – wie bei einem Spiel, bei dem nur eine Seite verlieren kann. Zumal die andere Seite den Vorteil des rechtlichen Schutzes von Minderjährigen ganz bewusst ausnutzt. Das haben sie von ihren »großen Brüdern« gelernt, und dem stehen wir teilweise hilflos gegenüber.

Abgrenzen lässt sich die Dominanzgewalt von strategischer Gewalt und Überzeugungsgewalt. Von strategischer Gewalt sprechen wir zum Beispiel bei Raub, Vergewaltigung oder Beschaffungskriminalität. Hier liegt in der Regel eine hohe kriminelle Energie vor, die oft aus existenzieller Not entsteht. Überzeugungstäter, wie der NSU oder Anders Breivik, handeln ebenfalls nicht spontan, hier ist die Erklärung allerdings oft komplexer. Es geht einerseits um Überzeugungen, dennoch sind andererseits auch starke Emotionen im Spiel. Allerdings wurde Empathie in aller Regel abgetötet, der Täter fühlt sich als Opfer und zieht daraus die Legitimation für seine Taten, von Amokläufen bis zu Selbstmordattentaten, von politischem Extremismus bis zu Ehrenmorden. Mit dieser Form der Gewalt haben wir es Gott sei Dank nicht sehr häufig zu tun.

Kommen wir deshalb abschließend noch einmal auf die entscheidende Rolle der Eltern zu sprechen. Damit ihre Kinder eine echte Chance auf Integration haben, muss sich flächendeckend die Überzeugung durchsetzen, dass der Weg dorthin nur über Schule und Bildung führt. Erfahren die Kinder in dieser Hinsicht keine Unterstützung aus ihrem direkten Umfeld, ist Frustration vorprogrammiert. Wichtig ist, dass sie auch emotional unterstützt werden, denn keine Schullaufbahn verläuft nur steil bergauf. Wenn in den Familien ein Wille vorhanden ist, auch zu Hause die Schule zum Thema zu machen, erhöhen sich die Chancen auf Erfolg – und zwar unabhängig vom Bildungsgrad der Eltern.

Die Folgen eines weiteren Scheiterns bei der Integration haben wir nun schon in Ansätzen gesehen. Aber aus Jugendlichen werden irgendwann Erwachsene, die ihre Überzeugungen leben und weiterverbreiten. Sie werden dann erst zu den wahren Protagonisten von Ehre, Familie und Patriarchat.

»DA GEHT'S UM UNSERE EHRE« – DIE MACHT DER FAMILIE, DIE MACHT DER VÄTER

Das Drama, das sich aus den verlorenen Jugendlichen für uns alle entwickeln könnte, wird immer mehr zur Realität. Besonders dort, wo archaische Weltbilder und geplatzte Träume aufeinandertreffen, macht sich das Gefühl breit, ausgegrenzt, unerwünscht und sowieso chancenlos zu sein. Natürlich wird nicht jeder gleich zum Extremisten und/oder Gewalttäter, aber die Probleme sind meistens früh angelegt und könnten bei konsequentem Eingreifen verhindert werden, zumindest teilweise. Umso ärgerlicher, wenn sie dennoch in kriminellem Verhalten enden.

In Berlin sollen etwa 80 Prozent der jugendlichen Gewalttäter türkisch- oder arabischstämmig sein. Für ein Opfer ist es am Ende vielleicht egal, ob es von deutschen Neonazis oder Migranten verdroschen wurde – für die Ursachenforschung kann uns das nicht egal sein, wenn wir das Integrationsproblem in den Griff bekommen möchten.

Im vorherigen Abschnitt haben wir gesehen, dass gerade bei jugendlichen Straftätern die Ursachen quasi mit dem familiären Umfeld beginnen, in das sie hineingeboren werden. Warum es gerade Migranten aus muslimisch geprägten Ländern auch im Erwachsenenalter schwerfällt, sich davon zu lösen, liegt an der überwältigenden Macht ihrer Familien. Vor allem für Frauen ist es fast unmöglich, sich hiervon auf eigene Faust zu befreien. Wieder ist es die kulturelle Prägung, in der die Wurzeln der Probleme liegen.

Viele Konflikte, die durch eine andere kulturelle Tradition hervorgerufen werden, sind absolut harmlos. Manche erscheinen für sich genommen sogar fast schon lustig. Im Einsatz habe ich es beispielsweise schon mehrmals erlebt, dass Muslime uns Polizisten sagten, wir sollten beim Betreten der Wohnung die Schuhe ausziehen. Ein konkretes Beispiel:

Ein türkischer Mitbürger hatte sich wegen einer Ruhestörung in seinem Haus an die Polizei gewendet. Vor Ort musste ich die genaue Quelle des Lärms lokalisieren und zu diesem Zweck die Wohnung des Anrufers betreten.

Eigentlich ein ganz normaler Routineeinsatz. Bis der Mann mich aufforderte, die Schuhe auszuziehen. Ich erklärte ihm, dass ich diesen Brauch respektiere – aber nur privat. Im Einsatz ist es ein Ding der Unmöglichkeit, dass meine Kollegen und ich die Schuhe ausziehen. Die Eigensicherung geht prinzipiell vor, da können keine Ausnahmen gemacht werden. Das erklärte ich dem Mann, es interessierte ihn aber nicht, er sagte nur sinngemäß: »Mit Schuhen kommen Sie hier nicht rein. In unserer Kultur macht man das so!«

Früher hätte ich so ein vehementes Auftreten vielleicht für einen Scherz gehalten. Aber da ich in den letzten Jahren auch diesbezüglich genug Erfahrungen sammeln konnte, wusste ich, dass es ihm sehr wahrscheinlich weniger um den Straßendreck unter unseren Schuhen ging als vielmehr um eine symbolische Verunreinigung. Die Schuhe auszuziehen ist ein Zeichen der Ehrfurcht vor Allah. Der Mann schaffte es nicht, über den Schatten seiner Ehre, seiner Tradition oder seiner Religion zu springen: Das Ausziehen der Schuhe blieb ihm wichtiger als die Ruhestörung. Und da wir, ohne die Wohnung zu betreten, die Ruhestörung nicht lokalisieren konnten, mussten wir ohne weitere Maßnahmen den Einsatzort wieder verlassen.

»In unserer Kultur ist das so!« oder einfach nur »Bei uns macht man das halt so!« lauten gerne gewählte Pauschalbegründungen. Nicht nur fürs Schuheausziehen, das machen nun wirklich auch viele andere. Aber zum Beispiel für das grundsätzlich lautstarke Diskutieren oder den verächtlichen Umgang mit Frauen. Jedes weitere Hinterfragen solcher Sitten löst schnell Empörung aus. Jetzt ist mir als

Griechin das lautstarke Diskutieren nicht fremd, und ich habe weniger Probleme als etliche meiner deutschen Kollegen, mir Gehör zu verschaffen. Nichtsdestotrotz kenne ich natürlich das nervtötende Austauschen von Argumenten nach dem Motto »je lauter, desto richtiger« und kann nachvollziehen, dass immer mehr Kollegen einfach keine Lust mehr auf diese Kämpfe haben; das erschöpft schon, bevor man zum eigentlichen Anliegen kommt.

Und genau das ist ja auch ein Grund für diese Strategie: Wer mit Lautstärke und Verzögerungen erst einmal mürbe gequatscht ist, der verliert die Lust, die Dinge konsequent zu Ende zu verfolgen. Wenn ich als Streifenpolizistin wegen einer Ordnungswidrigkeit wie Falschparken erst einmal eine halbe Stunde die Gemüter beruhigen muss, dann ist doch klar, dass meine Kundschaft darauf spekuliert, dass ich beim nächsten Mal einfach ein Auge zudrücke, bevor ich mir das ganze Theater noch einmal von vorne antue.

Diese Strategie hat sich ganz einfach deshalb durchgesetzt, weil sie wahnsinnig erfolgreich ist. Und das spricht sich herum.

Bochums kleine Partymeile ist das sogenannte Bermudadreieck. Wie in jeder Innenstadt gibt es auch in Bochum Parkplatzprobleme. So bleibt es oft nicht aus, dass es zu Konflikten mit gehfaulen Bürgern kommt beziehungsweise denen, die sich generell nicht sonderlich an die Regeln halten. Ein Straßenteil, der von Fahrzeugen befahren werden darf, ist bestückt mit Shisha-Bars, Dönerläden und so weiter. Deswegen halten sich dort auch typischerweise viele junge türkisch-arabische Männer auf. In der warmen Jahreszeit werden Stühle und Tische vor die Läden auf die

Gehwege gestellt, sodass die Kunden das Geschehen auf der Straße bequem beobachten können und ganz genau im Blick haben, wenn die Polizei kommt.

Auf besagter Straßenseite herrscht ein eingeschränktes Halteverbot. Aus gutem Grund: Parkt ein Fahrzeug am Fahrbahnrand, kann der Verkehr nur eingeschränkt fließen. So kommt es regelmäßig, insbesondere am Wochenende, zu Engpässen und absolutem Verkehrschaos. Das hindert die »Stammkundschaft«, die stundenlang in den Bars und Dönerläden abhängt, aber nicht daran, ihre Autos dort abzustellen. Es ist quasi eine Art Hobby geworden: Da sie die ganze Straße im Blick haben, springen sie schnell auf, sobald sie einen Streifenwagen kommen sehen, und setzen ihre Fahrzeuge um – bis die Polizei wieder das Feld geräumt hat, dann wird meistens wieder genau dort geparkt.

Anfangs verwarnte ich diese Personen bei ihrem sofortigen Erscheinen am Fahrzeug mündlich oder sprach sie nicht an, da sie ihre Fahrzeuge schon wegsetzten, wenn sie uns von Weitem kommen sahen. Nachdem ich aber erkannt hatte, dass es in aller Regelmäßigkeit fast immer dieselben Fahrzeuge oder dieselben Personen waren, verwarnte ich sie nicht mehr nur mündlich, sondern stellte ein Knöllchen aus. Reagierten sie bei mündlichen Verwarnungen in der Vergangenheit noch sehr nett, änderte sich das nun schlagartig.

Nicht, dass man sich nur darüber empörte – dafür habe ich großes Verständnis, schließlich freut sich niemand, wenn er zur Kasse gebeten wird. Selbst der einsichtigste Mensch ärgert sich darüber, vor allem, wenn es so leicht vermeidbar gewesen wäre. Es blieb aber nicht dabei, sondern führte direkt zu endlosen Diskussionen. Dazu rotteten sich gleich mehrere Personen zusammen, unbeteiligte »Kumpel« der Verwarnten mischten sich lautstark ein und übten Druck aus, um uns Polizisten einzuschüchtern und dazu zu bewegen, die Maßnahme einzustellen.

Wie oft kontrolliert ein Polizeibeamter, wenn er mit so einer massiven Gegenwehr bei der Verfolgung eines Parkverstoßes (!) rechnen muss? Macht er es nicht, herrscht innerhalb kürzester Zeit Anarchie. Macht er es regelmäßig und konsequent, spricht sich das herum, und die Klientel tritt nicht mehr ganz so offensiv auf. Hier zählt, wer den längeren Atem hat.

Aber bei steigender Arbeitsbelastung und gleichzeitigem Personalabbau ist es nahezu unmöglich, solchen Problemen immer und immer wieder ausreichend Zeit zu widmen. Gehen wir dann den eigentlich wichtigeren Dingen nach, flammt der alte Konflikt innerhalb kürzester Zeit wieder von Neuem auf, und man muss wieder von vorne damit anfangen, konsequent durchzugreifen. Ein nicht enden wollendes Problem, ein permanenter Kreislauf, ein einziges Ärgernis.

Härtere Strafen, beispielsweise 500 Euro für Intensivtäter bei einem Parkverstoß, wären höchstwahrscheinlich wirksam. Die gibt es aber (noch) nicht, weshalb der immer wieder mutwillig verursachte Aufwand viel zu billig davonkommt. Mittlerweile bin ich deshalb schonungslos, ich verwarne nicht nur, sondern lasse Intensivtäter auch konsequent abschleppen, um ein Zeichen zu setzen. Denn die knapp 200 Euro »extra« fürs Abschleppen tun vielen dann doch etwas weh. Der Erfolg durch konsequentes Einschreiten gibt mir recht. Wenn auch nur so lange, bis wir das Thema wieder eine Weile für andere Aufgaben vernachlässigen müssen.

Als Laie und Außenstehender mag man da denken, dass ich ein Freund übermäßiger Härte bin. Sollen sie doch ein bisschen wild parken, was soll's? Das Falschparken ist wirklich mein geringstes Problem. Auch das regelmäßig ausgelöste Verkehrschaos bereitet mir keine schlaflosen Nächte. Sorgen bereitet mir vielmehr das, was dahintersteht und was in den geschilderten Beispielen bisher vielleicht nur ansatzweise durchgeklungen ist.

Die Grenze zwischen einfach nur nervigen Konflikten, über die man lachen könnte, und der Missachtung von Gesetzen und Moralvorstellungen ist leider fließend. Es geht nicht nur um Schuheausziehen und Falschparken, es geht um permanente Provokationen und Respektlosigkeiten, bei denen immer wieder die Emotionen und das Temperament als Erklärung vorgeschoben werden. Die sind aber nicht die Erklärung, sondern nur der Ausdruck des Problems. Es wird jedoch gerne so dargestellt, um vom Kern der Sache abzulenken.

Ein Ansatzpunkt, der schon etwas näher an den Kern heranreicht, ist die viel zitierte »Ehre«. Was sich dahinter verbirgt, lässt sich nur schwer greifen. Und das ist auch so gewollt. Wer nicht aus derselben Kultur stammt, kann das nicht verstehen, heißt es oft. Als wäre das eine intellektuelle Überforderung oder ein genetisches Problem. In meinen Augen wird auch das Scheinargument der Ehre in den meisten Fällen einfach nur vorgeschoben, um die wahren Gründe zu verschleiern, für die man möglicherweise rechtliche Konsequenzen fürchten müsste. Oder zumindest Unannehmlichkeiten. Die »Kultur-Karte« ist wie ein Joker, den man spielen kann, um nicht persönlich zur Rechenschaft gezogen zu werden. Und selbst in der dritten Generation noch so erfolgreich wie am ersten Tag.

Ein falscher Blick – und schon hat man das Gesicht verloren. Man wurde von einer anderen Person gedemütigt und bloßgestellt. Ob und was der andere wirklich getan hat, ist nicht immer entscheidend. Da geht's um die Rettung der eigenen Ehre. Und der Ehre der Familie. Und das kann man nur mit Vergeltung wiedergutmachen.

Ein bisschen dick aufgetragen? Leider nein. Selbst nach Jahrzehnten inmitten der westlichen Welt bleiben die Vorstellungen der Vorväter (weniger der Vormütter) heilig und damit unantastbar. Sie zu hinterfragen ist keine gute Idee, das bringt nur Ärger. Ich finde, es darf Diskriminierung oder Benachteiligung aufgrund der Herkunft genauso wenig geben wie das unhinterfragte Schützen kultureller Bräuche. Nicht nach so langer Zeit. Und erst recht nicht, wenn wir beim Erklären von Konflikten immer und immer wieder auf dieselben Gründe stoßen. Zum Beispiel in den Familien.

Wir leiden in Deutschland oft unter einer ziemlich verklärten Vorstellung von Familie und besonders von Großfamilie: Sie steht für Geborgenheit im Kreise unserer Liebsten, für gemeinsames Essen und Feiern an langen Tafeln (im Sommer unter Bäumen im Garten, im Winter am gemütlich brennenden Kamin), für Hilfe, Schutz und blindes Vertrauen. Doch das ist Romantik pur, Hollywood lässt grüßen.

Im islamischen Kulturkreis sieht die Realität anders aus.

Zwar wird im Sommer tatsächlich gerne in großer Runde gemeinsam gegrillt, aber für Romantik ist da wenig Platz. Die Rollen in der Familie sind klar verteilt, genauso wie die Rechte und Pflichten. Die Rechte sind überwiegend männlich, die Pflichten weiblich, kurz: Es herrscht das Patriarchat. Es sind die Männer, die alle wesentlichen Entscheidungen treffen und damit ganz klar die Hauptverantwortlichen sind. Spricht man von kultureller Prägung, muss man auch die prägenden Figuren benennen, und das sind in erster Linie die Väter.

Wir haben es mit einer Machokultur zu tun. Das klingt heutzutage fast schon harmlos lässig – aber in meinen Augen ist es eine Kultur der Gewalt und der Angst, um es mal drastischer auszudrücken.

Wie unfrei am Ende des Tages alle Mitglieder dieser Familien sind, erlebe ich immer wieder. Selbst der Patriarch ist in seiner Rolle gefangen, er muss erfüllen, was von ihm verlangt wird, was die Tradition verlangt. Oder die Ehre. Hier wird ein Mensch weniger über seine Persönlichkeit definiert als vielmehr über die Rolle und Funktion, die er innerhalb der Familie zu erfüllen hat. Man ist keine Frau, man ist Tochter, Schwester, Mutter. Man ist kein Mann, man ist Sohn, Bruder, Vater. Selbstbestimmung wird hier wahnsinnig kleingeschrieben.

Ich bin bei den männlichen Fällen oft weit entfernt von Mitleid, zeigen sie doch nur, zu welchen (selbst verschuldeten) Konflikten dieses Rollenverständnis in einer freiheitlichen Gesellschaft immer wieder führt, ja führen *muss*. Nicht selten treibt das fast schon absurde Blüten.

Meine Kollegen und ich verfolgten nach einem Raubüberfall zwei südländisch aussehende Männer, die wir auf frischer Tat ertappt hatten. In einem Wohngebiet unweit des Tatorts konnten wir die beiden glücklicherweise schnell stellen. Doch die Freude währte nur kurz. Die einzige Sorge eines der Täter bestand nicht etwa darin, geschnappt worden zu sein, sondern darin, dass ihn die Nachbarn dabei sehen könnten, wie er Ärger mit der deutschen Polizei hatte. Wir sollten gefälligst respektieren, dass er damit sein Gesicht verlieren würde, die Familienehre wäre in den Schmutz gezogen, wenn wir nicht schnell irgendwo anders mit ihnen hingingen. Ich konnte es nicht fassen. Wie es dem verletzten und beraubten Opfer nach der Tat ging, interessierte ihn kein bisschen. Sein »Gesicht« war ihm wichtiger. Dieser Mann hatte einen Menschen wahrscheinlich für immer geschädigt und maßte sich auch noch an, Bedingungen zu stellen – und von »Familienehre« zu sprechen. Die Festnahme erfolgte natürlich an Ort und Stelle.

Auch mir ist meine Familie sehr wichtig. Aber es gibt Überzeugungen und Rechte, die davon einfach nicht verdrängt werden dürfen: »Die Würde des Menschen ist unantastbar« ist eines davon (Grundgesetz, Artikel 1, Absatz 1). Das Recht auf Selbstbestimmung, die Gleichberechtigung von Mann und Frau, Meinungsfreiheit, das Recht auf körperliche Unversehrtheit und, und, und. Erwähnenswert finde ich aber noch Absatz 2 in ebendiesem Artikel 1, der lautet: »Das Deutsche Volk bekennt sich darum zu unverletzlichen und unveräußerlichen Menschenrechten als Grundlage jeder menschlichen Gemeinschaft, des Friedens und der Gerechtigkeit in der Welt.« Ist das wirklich vereinbar mit »Familienehre«, wie sie in Deutschland teilweise gelebt wird?

Ich habe da große Zweifel. Für mich stehen sich hier zwei Sichtweisen frontal gegenüber. Solange dabei keine klaren Grenzen gezogen und eingehalten werden, sind Konflikte dauerhaft unvermeidbar. Vor allem am Durchsetzen der Grenzen hapert es, das bekomme ich öfter am eigenen Leib zu spüren, als mir lieb ist. Eine Anpassung scheint von vielen muslimischen Migranten weder gewünscht noch für sie praktikabel zu sein, sie wird vielmehr als Bevormundung empfunden. Wir erleben es leider immer wieder, dass unter dem Deckmantel der »Familienehre« versucht wird, Straftaten zu Privatangelegenheiten zu erklären, und das Verfolgen dieser Taten als Missachtung kultureller beziehungsweise religiöser Eigenheiten oder gleich als Rassismus bezeichnet wird.

Für mich ist das oft nichts weiter als Doppelmoral, ob nun bewusst zur Täuschung eingesetzt oder wirklich nicht als solche empfunden. Es ist immer wieder zu beobachten, dass sich Mitglieder dieser Familien tatsächlich absolut im Recht fühlen und keinerlei Verständnis für die Rechtslage in diesem Land zeigen. Aus tiefster Überzeugung.

Das wird besonders problematisch, wenn die Person einen deutschen Pass in der Tasche hat. Dass damit besondere Rechte verbunden sind, wird in der Regel schnell erfasst. Dass man sich damit automatisch auch Pflichten ins Haus holt und auch ein Stück Verantwortung für unsere Gesellschaft übernehmen muss, dringt nicht überall durch. Zu stark ist die Verhaftung in familiären Rollen, die ja schon für sich alleine genug Verpflichtungen mit sich bringen.

Kommen wir noch einmal zurück zum unumstrittenen Familienoberhaupt: dem Patriarchen. Er verdankt seine Macht einzig und allein seinem Geschlecht. Die Spielregeln sind von Anfang an klar. Man lernt sie von klein auf, man kann sie gar nicht nicht lernen, denn auf ihre Einhaltung wird streng geachtet, nicht selten mit Gewalt. Jedenfalls erwiesenermaßen deutlich häufiger als in deutschen Haushalten und längst nicht nur in Familien, die als asozial gelten. Das System des Patriarchats duldet keine Abweichler – und das ist im Grunde genau die Konsequenz, mit der man ihm entgegnen muss; eine andere Sprache versteht es nicht. Ich rufe ausdrücklich nicht zu Gewalt beziehungsweise Gegengewalt auf, sondern spreche von Konsequenz – das ist ein entscheidender Unterschied.

Wer immer und immer wieder mit Toleranz und Rücksicht reagiert, ohne selbst bei Intensivtätern klare Grenzen zu ziehen und diese konsequent durchzusetzen, der macht sich selbst zum Gespött. Nicht selten schon bei Elfjährigen.

Inkonsequenz und stille Duldung führen nicht nur dazu, dass sich nichts ändert. Sie haben außerdem zur Folge, dass andere – Außenstehende, Beobachter, vor allem aber Opfer! – beginnen, am Rechtsstaat zu zweifeln. Nichts gegen Zweifel, man sollte alles immer wieder hinterfragen, auch den deutschen Rechtsstaat. Aber allzu schnell fördern Zweifel und Enttäuschung den Zugang zu entgegengesetzten Extremen, zu Ausländerfeindlichkeit und Fremdenhass. Das kann kaum im Sinne des Erfinders sein.

Aus falscher Toleranz wurde sich sogar schon mit Patriarchen »verbrüdert«, auch wenn es ein offenes Geheimnis war, dass es in diesen Haushalten teilweise massive Probleme gab und gibt. Wenn deutsche Männer ihre Frauen und Töchter schlagen, das Haushaltsgeld versaufen oder in die Spielhalle tragen, dann spricht man zu Recht von asozialen Verhältnissen. Bei muslimischen Patriarchen schaut man bis heute lieber weg. Auf persönlicher Ebene, aber auch auf politischer. Das idealisierte Multikulti der Sozialromantiker lässt grüßen. Wacht endlich auf!

Man hat eine gewisse Bringschuld als Migrant und muss Eigeninitiative zeigen. Das weiß ich aus eigener Erfahrung. Der deutsche Staat kann Hilfestellungen geben und tut dies auch auf verschiedenste Art und Weise, nicht nur finanziell. Im Detail gibt es da sicher immer wieder Verbesserungsbedarf, und auch eine Anpassung an sich ändernde Rahmenbedingungen ist immer wieder notwendig, allein das Thema der Flüchtlinge wird uns zukünftig noch vor Herausforderungen in ganz neuen Dimensionen stellen. Grundsätzlich finde ich jedoch, dass die bereitgestellte Hilfe vollkommen ausreichen würde - wenn denn auf der anderen Seite die sich bietenden Möglichkeiten zur Integration noch besser genutzt würden. Ich sage nicht »überhaupt genutzt«, sondern »besser genutzt«. Es gibt sie, die Chancenergreifer, natürlich auch unter den Muslimen. Aber alles in allem hinken gerade die Kinder aus dem muslimischen Kulturkreis jedenfalls immer noch hinterher, was den Grad der abgeschlossenen Ausbildungen angeht. Aus meiner Sicht kann das kein reiner Zufall sein.

Über die Ursachen wird gerne diskutiert. Was mir in diesem Zusammenhang immer wieder auffällt: Viele Muslime haben es sich in einer Art Opferrolle ganz gut eingerichtet; sie beklagen, dass sie benachteiligt würden, aber wenn man genau hinsieht, erkennt man, dass selbst bei vielen modern und offen wirkenden Muslimen echte Partizipation an der deutschen Gesellschaft nur sehr eingeschränkt gewünscht ist – denn Partizipation heißt auch, sich öffnen zu müssen. Und das fällt nicht nur bildungsschwachen Bevölkerungsgruppen schwer, sondern auch den besonders religiösen. Vor allem, wenn die Religion das ganze Leben bestimmt.

Hier berühren wir schon grundsätzliche Fragen der Religion. Bevor wir uns das genauer ansehen, möchte ich noch einmal auf die Rolle der Familie beim Integrationsprozess zurückkommen. Die Hilfe, die meiner Familie damals zur Integration geboten wurde, beschränkte sich zunächst auf die Arbeitsstelle meines Opas in der Nachtschicht und das kleine Zimmer, das er sich mit meinem Großonkel und einem Bekannten teilte. Mehr gab es nicht. Trotzdem kam keiner der drei auf die Idee, ein Opfer zu sein. Mir wurde schon als Kind vermittelt, dass man Eigeninitiative zeigen muss und sich nicht nur mit »Landsleuten« abgeben sollte. Mit deutschen, türkischen, italienischen und noch vielen anderen Kindern zu spielen war für mich ganz selbstverständlich. In muslimisch geprägten Familien lässt sich bis heute beobachten, dass viele am liebsten unter sich bleiben – weil auch da offenbar ein Druck in der Community, wie es Neudeutsch heißt, besteht, die muslimische Gemeinschaft zusammenzuhalten.

Auch hier lässt sich wieder erkennen, was in der muslimischen Kultur ganz generell gilt: Das Kollektiv schlägt das Individuum. Für den Einzelnen mögen sich im Lauf seines Lebens Widersprüche ergeben, wenn er irgendwann feststellen muss, dass er nicht ewig der verhätschelte Lieblingsprinz seiner Mutter bleiben kann, sondern sich auch in der großen Hierarchie unterordnen muss. Das Kollektiv, die große Gemeinschaft wird damit nicht infrage gestellt. Dafür ist die Macht der Familie zu allgegenwärtig – vor allem in den berüchtigten Clans.

Wir hatten mal wieder einen Einsatz, weil es zu einem Streit zwischen jugendlichen Migranten, Türken und Libanesen, gekommen war. Die türkischen Jugendlichen waren noch vor Ort, als wir eintrafen. Einer aus dieser Gruppe hatte sichtlich Angst. Er wollte sich nicht konkret zu dem Sachverhalt äußern, sondern sagte nur, dass es sich um Mitglieder einer bekannten Großfamilie handeln würde. Er wollte nicht weiter in die Sache verwickelt werden, weshalb er nicht einmal bereit war, den Namen des Clans zu nennen. Und persönlich konnte ich das durchaus nachvollziehen. Der junge Türke wusste wahrscheinlich genauso gut wie ich, dass sich solche Großfamilien im Zweifel nicht großartig an deutsches Recht halten und sie ihn früher oder später erwischen würden. Aber wenn er vorher nicht mit der Polizei kooperierte, hatte er wesentlich bessere Chancen, aus der Nummer herauszukommen. Folglich unterließ er es, uns irgendwelche Hinweise zu geben, mit denen wir den Fall hätten aufklären können.

In manchen deutschen Großstädten sind ganze Straßenzüge in der Hand einzelner Clans. Ihr Einflussbereich erstreckt sich teilweise auf ganze Viertel. Eine besonders problematische Bevölkerungsgruppe, für die Großfamilien geradezu typisch sind, sind die »Libanesen«. Ich habe die Bezeichnung bewusst in Anführungszeichen gesetzt, weil der ethnische beziehungsweise politische Hintergrund in den meisten Fällen etwas komplizierter ist als beispielsweise bei vielen Familien aus der Türkei. Oftmals handelt es sich ursprünglich um Kurden aus den Grenzgebieten der Türkei und Syriens, die in den Dreißiger- und Sechzigerjahren in den Libanon flohen. Dort wurden sie in der Regel nicht eingebürgert, ihre Staatsangehörigkeit blieb ungeklärt – was es später wiederum aufnehmenden Ländern wie Deutschland erschwerte, selbst Schwerkriminelle abzuschieben, weil nicht geklärt war, wohin überhaupt.

Viele dieser »Libanesen« oder »staatenlosen Palästinenser« scheiterten mit einem Asylverfahren und erhielten daraufhin den Status der Duldung. Die betroffenen Personen dürfen deshalb keine Arbeit aufnehmen. Das gilt für viele bis heute – aber längst nicht mehr für alle, denn ein großer Teil von ihnen wurde bereits vor etlichen Jahren eingebürgert, gilt seither als deutsch und darf arbeiten.

Obwohl Arbeit zu Recht als ein wesentlicher Faktor für gelingende Integration angesehen wird, hat sich entgegen aller Hoffnungen gerade in den libanesischen Clans auch im Fall einer Einbürgerung nicht sonderlich viel bewegt. Zu schwer wiegen offensichtlich die eigenen Gesetze, zu groß und gefestigt sind ihre importierten Strukturen. Wenn man sich den geschichtlichen Hintergrund vor Augen führt, erscheint das sogar wenig verwunderlich: Gerade in bedrohlichen Situationen und existenziellen Krisen klammern sich Menschen reflexhaft an Vertrautes. Das lässt sich nicht so einfach aus dem Weg räumen, weshalb lange Zeit auf Verständnis bei der deutschen Gesellschaft gesetzt wurde. Doch nun wurden die schwierigen Grundvoraussetzungen so weit wie möglich behoben, und trotzdem stehen wir weiterhin vor zunehmend größeren Problemen.

Es gibt Familien mit 15 und mehr Kindern. Enkel, die

älter sind als die jüngsten eigenen Kinder, sind keine Seltenheit. Das hat zur Folge, dass diese Familien extrem schnell wachsen, manche Clans umfassen heute einige Tausend Menschen, was nicht zuletzt die Strafverfolgung unübersichtlich bis unmöglich macht. Das Entstehen rechtsfreier Räume wird hier zu einem handfesten Problem. Es betrifft vor allem die bereits erwähnten Ballungsräume Berlin, Bremen/Bremerhaven und das Ruhrgebiet. Nach innen und außen herrschen in diesen Clans oftmals Strukturen, die man als kriminell bezeichnen muss. Offiziell lebt man von Transferleistungen und Kindergeld. Aber Drogen- und andere illegale Geschäfte sind keine Einzelfälle, die Palette reicht von Eigentumsdelikten, Raub, Erpressung über Körperverletzung, Sexualstraftaten und Zuhälterei bis zu Mord. Probleme werden mit Selbstjustiz geregelt, wobei auch untereinander Schusswaffen und Messer zum Einsatz kommen können, wie etliche Fälle belegen. Auch »Ehrenmorde« finden statt. Selbst Kinder und Jugendliche, die in diesem Umfeld aufwachsen, begehen von klein auf Straftaten. Mehr noch: Kinder werden nicht selten instrumentalisiert und für kriminelle Taten regelrecht ausgebildet.

Alles in allem lässt sich leider nur feststellen, dass der deutsche Staat an diese Familien im Grunde nicht herankommt. Und die Hoffnung auf Integration – wenn davon noch etwas übrig ist – schwindet von Tag zu Tag. Mit Kooperation ist nicht zu rechnen, denn wer die eigenen Familienmitglieder an die Deutschen verrät, setzt sein Leben aufs Spiel. Wer würde das ernsthaft riskieren?

Aber nicht nur das, auch die Lage auf staatlicher Seite wird immer ungemütlicher: Zur Ratlosigkeit hat sich längst

Angst gesellt. Die Clanstrukturen sind so bedrohlich geworden, dass selbst der Staat vor diesen kriminellen Großfamilien zurückschreckt - natürlich nicht offiziell, aber in der Praxis sieht es so aus. Die gute alte Zurückhaltung, um Eskalationen zu vermeiden, hat sich in diesen Fällen schon längst gegen uns gewendet. Da muss man nichts mehr schwarzmalen.

Nach einem Einsatz, bei dem es um Angehörige eines libanesischen Clans ging, war ich in Nachhinein froh, dass meine Kollegen und ich lebend und unverletzt aus der ganzen Sache rausgekommen waren. Während meiner Ausbildung unterstützten meine zwei Kollegen und ich die Wache einer nahe gelegenen Kreisstadt. Mit Unterstützung meine ich: Wir waren der einzige Streifenwagen für die gesamte Stadt. Es dauerte nicht lange, und wir wurden zu einer Messerstecherei im Zentrum gerufen.

Als wir dort eintrafen, hatte sich schon eine Menschenmenge von geschätzt 30 bis 40 Libanesen versammelt. Ein Mann saß auf einer Mauer und wurde von Rettungssanitätern versorgt. Um sie herum herrschte das reinste Chaos: Die Libanesen schrien und gestikulierten wild, es war kaum auszumachen, wer Täter und wer Opfer sein könnte, und ich hatte große Mühe, überhaupt zu dem Mann bei den Sanitätern zu gelangen. Als ich es endlich doch noch geschafft hatte, sah ich, dass der Hals des Mannes vermutlich mit einem Messer oberflächlich aufgeschlitzt worden war. Als wir ihn zum Rettungswagen bringen wollten, kam es endgültig zum Tumult und zur Eskalation. Die Libanesen griffen nach einem meiner Kollegen, weil sie dachten, dass wir ihren Landsmann einsperren wollten.

Ich forderte Unterstützung an, aber niemand war da, der uns schnell genug zu Hilfe eilen konnte. Der nächste Streifenwagen war über 15 Minuten Fahrtzeit entfernt. Auch Kollegen aus den Kommissariaten – was eh unüblich ist – hätten viel zu lange gebraucht, um uns unterstützen zu können.

Zum Glück gelang es meinen männlichen Kollegen mit vereinten Kräften, sich wenigstens kurz Gehör zu verschaffen. Als Frau wäre ich alleine aufgeschmissen gewesen. Ich wurde von den libanesischen Männern weiterhin keines Blickes gewürdigt, mit Schimpftiraden belegt oder am Durchkommen gehindert. Selbst eine Libanesin ließ sich kaum davon abbringen, mich ständig anzufassen und zu bedrängen. Erst nachdem ich sie mehrfach laut aufgefordert hatte, ihre Hände von mir zu lassen, hörte sie endlich damit auf. An eine Personalienfeststellung zum Zweck der Verfolgung von Straftaten, Störung einer Amtshandlung und Widerstand gegen Polizeivollzugsbeamte war unter diesen Umständen nicht zu denken. Wir waren zahlenmäßig unterlegen und hätten jede weitere Auseinandersetzung mit der unkontrollierbaren Menge verloren.

Damals hätte ich nicht im Traum daran gedacht, dass so etwas einige Jahre später die Regel werden sollte. Heute läuft es immer wieder so, wenn Clans in dieser Stärke auftreten. Gelingt es uns nicht, sofort ausreichend Verstärkung zu holen, gewinnen sie das Spielchen. Und weil wir generell nicht auf Verdacht mit 40 Kollegen ausrücken können oder zur Absicherung eine Hundertschaft bereitsteht, verschärft sich die Lage auf den Straßen immer mehr. Die Clans leben mitten in Deutschland das Recht des Stärkeren aus.

Letztendlich nahmen wir nur die Personalien des Verletzten im Rettungswagen auf und einige Hinweise auf den Täter. Den konnten wir kurze Zeit danach tatsächlich ermitteln und mit dem Messer in seinem Besitz festnehmen. Ich war doppelt froh. Zum einen, dass wir den Täter finden konnten. Zum anderen, dass wir den Messerstecher nicht im Beisein der Libanesen festnehmen mussten. Dann wäre es höchstwahrscheinlich zu offener Selbstjustiz mit Schwerverletzten oder gar Toten gekommen.

Klingt ziemlich aussichtslos, nicht wahr? In der Tat lässt sich das Problem dauerhaft und auch präventiv nur mit großem Aufwand lösen: mühsame, aber unumgängliche Aufklärungsarbeit, Sanktionen mit Signalwirkung und mehr Polizeibeamte, um diese auch durchzusetzen. Auch vor Gesetzesänderungen dürfen wir nicht zurückschrecken, wenn sie einen pragmatischen Nutzen haben. Für am wichtigsten halte ich aber die Aufstockung des Personals bei der Polizei. Das scheint mir der einzige Weg zu sein, um nicht so oft unverrichteter Dinge wieder abziehen zu müssen, wie es mittlerweile der Fall ist. Außerdem haben wir es nicht mit einem perspektivischen Problem zu tun, sondern mit einem akuten.

Am frühen Morgen einer Nachtschicht wurden wir zur Unterstützung von Kollegen zu einem Streit zwischen etwa 30 Südländern angefordert. Am Einsatzort eingetroffen, sah ich das erwartete große Durcheinander: Es wurde gebrüllt und gedroht, und die Kollegen versuchten vergeblich, die Parteien voneinander zu trennen. Wie so oft waren wir deutlich in der Unterzahl.

Ich unterstützte die Kollegen und stellte mich zwischen die Streitenden, um ein weiteres Aufeinandertreffen zu verhindern. Die Leute ließen sich nicht beirren oder gar stören und nahmen uns erst recht nicht ernst. Auf Ansprachen in ruhigem und bestimmtem Ton reagierten sie nicht im Geringsten, schärferen Ansprachen entgegneten sie mit abwertenden Handgesten, als ob man ein Insekt verscheuchen wollte.

Dann wurde ich laut, um endlich für Ruhe zu sorgen. Nun war man ganz empört über meine Lautstärke und beschwerte sich, warum ich denn ohne Grund schreien und sie so unverschämt behandeln würde. Man habe doch auch mit mir normal gesprochen.

Das Spiel ging natürlich weiter. Einige Personen gingen nah an mir vorbei. Da ich nicht darauf reagierte, kamen sie nach kurzer Zeit noch etwas näher, sodass sie mich kaum merkbar streiften. Als klar war, was mit diesem Verhalten provoziert werden sollte, sprach ich die Leute wieder scharf an und drohte bei Wiederholung weitere Maßnahmen an. Natürlich war die Gegenseite erneut empört, weil man doch nichts gemacht habe. Man dürfe doch wohl noch atmen.

In diesem Fall wäre es eigentlich angebracht gewesen, insbesondere einen Mann, der mich wieder und wieder streifte, in Gewahrsam zu nehmen. Um ihm zu zeigen, dass es so nicht geht. Aber was wäre passiert? Seine Landsleute wären dazwischengegangen und hätten versucht, die Ingewahrsamnahme zu verhindern, und da sie deutlich in der Überzahl und sichtlich aggressiv waren, blieb mir mal wieder nichts anderes übrig, als nichts zu unternehmen – aus reinem Eigenschutz.

Nachdem der Sachverhalt durch die Kollegen aufgenommen worden war, wurden nach langem Hin und Her Platzverweise ausgesprochen. Die Durchsetzung von Platzverweisen führt bei Gruppen wie diesen immer, wirklich immer, zu Problemen. Auf Anhieb wird den Platzverweisen nicht nachgekommen, stattdessen geht das Geschrei von vorne los, die Empörung ist wieder groß, von Einsicht keine Spur. Wir zogen Pfefferspray und Schlagstock, ohne sie jedoch einzusetzen. Erst nach dieser »Drohgebärde« entfernten sich die Personen langsam. Jedoch nicht ohne lautstark zu zeigen, wer sich hier eigentlich für den Chef hielt.

Das war noch ein vergleichsweise guter Fall. Immerhin konnten wir uns bei diesem Einsatz mehr oder weniger durchsetzen. Eher weniger als mehr. Denn wenn ich ehrlich bin, hatte ich das Gefühl, mal wieder den Kürzeren gezogen zu haben. Aber wir hatten im Rahmen unserer Möglichkeiten im Grunde keine andere Wahl.

Es ist ein großer Unterschied, ob man solche Einsätze wiederzugeben versucht oder persönlich mittendrin steckt. Im Eifer des Gefechts geschehen die Dinge viel schneller, es gibt so gut wie keine Möglichkeiten, innezuhalten oder groß nachzudenken, sich umzuentscheiden oder gar noch mal von vorne anzufangen. Nicht bei Einzeltätern und erst recht nicht bei aggressiven Gruppen wie den beschriebenen. Einzeltäter entpuppen sich oft als einsichtige, fast schon ergebene Personen. Weil sie schnell merken, dass sie alleine nichts ausrichten können. Ich habe die größten Machos schon fast betteln sehen, wenn ihnen niemand zur Seite stand. Stark fühlen sie sich oft nur in der Gruppe. Dann spüren sie die Macht der Gemeinschaft, die Macht der Familie, die Macht des Stärkeren. Das Kollektiv verleiht ihnen ein Selbstbewusstsein bis hin zu Arroganz und Größenwahn – gelingt es, dieselben Personen zu isolieren, geht vielen von ihnen schnell die Luft aus.

Was sich im Lauf der letzten Jahre immer wieder gezeigt hat, ist, dass diese Klientel vielleicht nicht immer sonderlich gut für den ersten Arbeitsmarkt qualifiziert sein mag, aber im Umgang mit modernen Kommunikationsmitteln bestens geschult ist. Per Handy oder Smartphone wird innerhalb kürzester Zeit Verstärkung geholt – da können wir als Polizei von der Geschwindigkeit her kaum mithalten. Gerade in Migrantenhochburgen passiert uns das immer wieder: Kaum werden wir am Horizont erblickt, startet die Rudelbildung per Telefon. Wir versuchen deshalb, jegliche Nutzung von Handys während eines Einsatzes zu unterbinden.

Doch viel zu selten gelingt es, ihr Ziel zu verhindern: in Überzahl gegen uns aufzutreten. Wenn sie dann in der Mehrzahl sind, fühlen sie sich nicht nur stärker, sondern sind es faktisch erst einmal auch. Dann können sich die Ereignisse schnell hochschaukeln, denn mit der zahlenmäßigen Überlegenheit sinkt meistens auch die Hemmschwelle. Selbst Verletzungen werden dann in Kauf genommen, bei Fremden wie bei sich selbst, bis hin zu bleibenden Schäden und Tod. Juristische und auch alle anderen Konsequenzen treten in den Hintergrund, die zählen nicht, wenn es hart auf hart kommt. Mit »Ehre« hat das dann aus meiner Sicht nichts mehr zu tun – jedoch nicht so aus ihrer. Wenn diese Personen in eine so zerstörerische Gruppendynamik verfallen, sind sie nicht mehr sie selbst – während wir als Polizisten auf der anderen Seite stets die Verhältnismäßigkeit unserer Maßnahmen beachten müssen. So betrachtet ist es immer ein ungleiches Spiel.

Denn wenn es wirklich knallt, wird es erst richtig schwierig für uns. Dann eröffnen sich für die Beamten womöglich noch weitere Dimensionen, die für die Täter überhaupt keine Rolle spielen: die Wahrnehmung in der Öffentlichkeit und die Rückendeckung durch die Justiz. Wenn sich die Gewaltbereitschaft in solchen Gruppen erst einmal auf einem so hohen Niveau befindet, können Maßnahmen von unserer Seite in der Regel nur noch mit Zwang durchgesetzt werden, das heißt in Form von körperlicher Gewalt (Faustschläge, Tritte etc.), durch Hilfsmittel der körperlichen Gewalt (Pfefferspray, Hunde, Fesseln etc.) oder Waffen (Pistole, Schlagschock etc.), um mal die Fachsprache zu bemühen. Hier ist der Grat sicher manchmal schmal, und es ist gut und richtig, auch die Maßnahmen der Polizei zu hinterfragen. Aus Fragen der Verhältnismäßigkeit und Transparenz und darüber hinaus, um das Vertrauen der Bevölkerung nicht zu verlieren.

So weit, so gut. Aber spätestens, wenn man es einmal erlebt hat, in so einer Situation im wahrsten Sinne des Wortes seinen Hals riskiert zu haben und anschließend von der Öffentlichkeit als Buhmann abgestempelt und von Staatsanwälten und Richtern fast schon wie Schwerverbrecher behandelt zu werden, läuft man Gefahr, sich in Zukunft zurückzuziehen, zumindest innerlich, und beim nächsten Aufeinandertreffen mit so einem Mob lieber noch ein bisschen mehr auf Nummer sicher zu gehen. Den Schuh müssen sich Medien und Justiz mit anziehen. Die Auswirkungen, die solche Prozesse auf die Sicherheit in Deutschland und das Sicherheitsgefühl der Bevölkerung haben, lassen sich schwer messen. Aber spüren kann man sie schon. Viele meiner Bekannten und Kollegen fühlen sich in Vierteln, in denen Clans und große Gruppen von muslimischen Migranten dominieren, nicht mehr wohl. Und ich befürchte, es geht vielen Bürgern genauso.

Sollte man nun besser gleich jede Ansammlung ab drei Menschen auflösen? Natürlich nicht. Das wäre mit unseren Vorstellungen einer freien Gesellschaft nicht vereinbar und mit unseren Gesetzen auch nicht. Doch aus der geschilderten Perspektive entstehen zwar nicht automatisch rechtsfreie Räume – aber es besteht das Risiko, dass innerhalb kürzester Zeit kontrollfreie Räume entstehen, Räume, in denen wir das staatliche Gewaltmonopol nicht mehr durchsetzen können. Ein paar Anrufe genügen manchmal schon, und die Sache kippt.

Ich hoffe, das können viele Leser nun besser nachvollziehen. Und ich hoffe nicht weniger, dass ich nicht missverstanden werde: Wir dürfen nicht den Fehler begehen und aus Angst überreagieren. Genau das soll doch provoziert werden, und man würde ein weiteres »Opfer-Argument« frei Haus liefern! Gefragt sind stattdessen souveräne Entscheidungen, die konsequent durchgesetzt werden. Das wären Signale der Stärke, die auch diejenigen verstehen würden, die sie am nötigsten haben. Aktuell sieht die Lage leider oft anders aus. Uns trifft deshalb eine Mitschuld daran, dass sich die Missachtung unseres Staats weiter ausbreitet. Nicht nur in kriminellen Clans.

Diese Missachtung zeigt sich auf unterschiedlichste Weise und manchmal auch schon in einer unscheinbaren Frage. Viele Bürger kennen sie wahrscheinlich nicht, nicht einmal die meisten meiner Kollegen und Kolleginnen kennen sie –

zumindest wenn sie keinen Migrationshintergrund und/oder ein südländisches Aussehen haben. Ich bin, wie Sie inzwischen wissen, Griechin. Viele Migranten, auch wieder vor allem muslimisch geprägte, halten mich auf den ersten Blick fälschlicherweise für eine Landsfrau, also eine Türkin, Libanesin, Marokkanerin und so weiter – und versuchen, das für sich zu nutzen.

Es ist eigentlich schon keine Masche mehr, sondern der ärgerliche »Normalfall«, dass muslimische Migranten versuchen, mich für sich zu vereinnahmen. Einen Versuch scheint es allemal wert zu sein, sonst würde ich es nicht mehrmals täglich erleben. Für einen kurzen Moment wird dann ignoriert, dass ich eine Frau bin, von der man sich sonst nur ungern etwas sagen lassen würde. Denn schließlich könnte es von Vorteil sein, die Polizei auf seine Seite zu bringen. Unendlich oft werde ich aufs Allerfreundlichste »türk müsün?« gefragt: »Bist du Türkin?« Ich spreche kein Türkisch, aber die Bedeutung dieser zwei Worte kenne ich mittlerweile nur zu gut, und vor allem weiß ich, was damit bezweckt wird.

Immer wieder kommt es zu ähnlichen Reaktionen, wenn ich besagte Frage verneine. Eine Variante ist Ungläubigkeit und klingt etwa so: »Doch, doch, Sie haben mich doch verstanden, Sie müssen Türkin sein!« Es dauert dann noch ein bisschen, bis der Groschen endgültig fällt, doch spätestens beim zweiten oder dritten Nein macht sich Enttäuschung breit. Bis dahin wird meistens weiter auf Türkisch auf mich eingeredet. Bei einer zweiten Variante ist die Ernüchterung sofort da – und ich werde leider wieder primär als Frau in Polizeiuniform wahrgenommen.

In beiden Fällen schlägt die anfängliche Freundlichkeit

spürbar ins Negative um, es folgen verächtliche Blicke, abweisende Gesten, Verweigerung der weiteren Kooperation, Widerstand oder, wenn ich Glück habe, einfach nur Ignoranz. Am schlimmsten aber sind die Migranten, die mir daraufhin vorwerfen, eine Verräterin zu sein. Sie sagen es mir offen ins Gesicht oder drücken sich indirekt aus: »Du bist doch eine von uns!«

Gegen solche Äußerungen vorzugehen hat leider keinen Zweck, da sie weder ordnungswidrig noch strafbar sind. Bewegen sich die Äußerungen doch mal im Straftatbereich, wird stets behauptet, etwas anderes gesagt zu haben. Es stünde maximal Aussage gegen Aussage – und wie ich schon mehrfach geschildert habe, gibt es meistens gleich ein ganzes Rudel an Zeugen, die für die andere Seite aussagen würden. Nichtsdestotrotz entlarven sich diese Menschen mit ihrer Reaktion jedes Mal aufs Neue: Kooperationswille wird nur gezeigt, wenn ein persönlicher Vorteil dabei herausspringen könnte – ansonsten will man mit diesem Staat nichts am Hut haben. Manche zeigen ihre Verachtung auch ganz offen, um vor ihren Leuten nicht den Verdacht zu erwecken, sie würden sich mit der deutschen Polizei gemein machen. Dann ist die Doppelmoral geradezu entlarvend.

Vereinnahmungsversuche nach dem Motto »Lass uns doch gemeinsam gegen Deutschland sein« sind für mich keine Seltenheit mehr. Dass der eigene Migrationshintergrund beziehungsweise der eigene Glaube in dieser Form über Deutschland, die deutsche Bevölkerung und alles, was damit zusammenhängt, gestellt wird, habe ich mit anderen Migranten so gut wie nie erlebt, schon gar nicht mit Europäern. Ich wurde schon für alles mögliche Südeuropäische gehalten, aber weder Griechen noch Italiener, weder Spanier noch sonst wer haben je versucht, auf diese Weise Einfluss auf mich zu nehmen. Es handelt sich fast ausschließlich um Muslime, völlig unabhängig von der Ethnie.

Für mich sind das keine charmanten Versuche, anzubandeln (so wird es manchmal auch dargestellt) oder sonst wie Kontakt aufzunehmen (»Ich habe nur das Gespräch mit der Polizei gesucht«), sondern in vielen Fällen einfach nur der unverschämte Versuch, den offiziellen Weg zu umgehen und die Dinge selbst zu regeln. Wer dem auf den Leim geht, kommt aus der Nummer nur mit Verlusten wieder heraus. Man mag es im Einzelfall für übertrieben halten, diese Vereinnahmungsversuche so hoch zu hängen. Einverstanden. Auch ich benutze hin und wieder das Element der Überzeichnung, um auf Wichtiges aufmerksam zu machen. Für mich sind sie dennoch eines der vielen kleinen Anzeichen für den eigenen Überlegenheitsanspruch der Muslime.

Und wenn man es genauer betrachtet, zeigt sich auch hier wieder, was bereits in anderen Situationen sichtbar wurde: Eine Teilhabe am Leben der Mehrheitsgesellschaft wird weder gesucht noch eingefordert – nicht nach deren Spielregeln. Das würde nur stören. Man müsste sich erklären und rechtfertigen und am Ende wahrscheinlich noch anpassen. Die Frauen würden vielleicht noch stärker auf ihre Rechte bestehen als eh schon (manche würden überhaupt erst davon erfahren). Um das zu vermeiden, wird ein grundsätzliches Misstrauen verbreitet – gegen die Deutschen selbst genauso wie gegen den Staat und seine Organe. Teilweise wird die Religion nur vorgeschoben, weil sie besonderen Schutz bietet, teilweise liegt in ihr dieses Verhalten begründet, wie wir später noch sehen werden.

Wie wenig man an der Partizipation an der Mehrheitsgesellschaft interessiert ist, wird auch für den Normalbürger am sichtbarsten an den fest installierten Parallelstrukturen, die die Mehrheitsgesellschaft für das eigene Leben komplett überflüssig machen. Es haben nicht nur viele Deutsche kaum oder keinen Kontakt mit Muslimen, auch viele Muslime (unabhängig davon, ob praktizierend oder nicht) suchen keinen Kontakt zur »Außenwelt«. Warum auch? Von den Modeboutiquen zum Wettbüro, vom Kiosk bis zum Café, vom Rechtsanwalt bis zum Delikatessenimporteur, von der Erzieherin über den Arzt bis zum Bestattungsunternehmer – wer von der Wiege bis zur Bahre alle Dinge des täglichen Lebens bei, von und mit Landsleuten besorgen, erledigen und besprechen kann, ohne sich großartig mit einer fremden Sprache und anderen Gepflogenheiten auseinandersetzen zu müssen, der erachtet das früher oder später schlichtweg als unnötig. Ist ja auch bequem. Machen deutsche Rentner auf Mallorca doch eigentlich genauso, oder?

Ich will nicht jede der genannten Einrichtungen schlechtreden. Das Entstehen von parallelen Strukturen bringt Migration ganz natürlich mit sich. Aber da läuft nicht mehr allzu viel parallel. Hier entwickelt sich etwas auseinander. Weg vom Rest, in eine andere Richtung.

Ich habe bereits betont, dass kein Migrant seine Herkunft verleugnen muss oder soll. Wenn allerdings so auffallend wenig Bereitschaft vorhanden ist, Verantwortung für die gesamte Gesellschaft zu übernehmen, und Merkmale bewusster Abschottung nicht zu übersehen sind, dann hat diese Entwicklung nicht nur mit Bequemlichkeit und Bewahrung einer Kultur zu tun. Ich habe den Eindruck, in der Community wird sehr stark darauf geachtet, dass sich die eingeschlagene Entwicklung weiter fortsetzt. Dass der Nachwuchs nicht nach Westen ausschert. Leider immer wieder mit Erfolg. Im Ruhrgebiet ist es keine Seltenheit, wenn man gerade junge Muslime auf Deutschland und »die Deutschen« schimpfen hört, um ihren Hass und ihre Abgrenzung offen zu demonstrieren.

Deutschland stellt in diesen Vorstellungen lediglich die Kulisse und die grobe Infrastruktur, den Rest regelt man lieber unter sich. Und tut es auch immer mehr: Vor allem in sozialen Brennpunkten und unter strenggläubigen Muslimen sind diese Tendenzen am meisten ausgeprägt.

»WIR ERLEDIGEN DAS ALLEINE« – ISLAMISCHE PARALLELJUSTIZ UND GÖTTLICHE GEBOTE

Man trifft sich im Dönerladen, in der Teestube oder bei den betroffenen Familien zu Hause. Teilweise auch in der Moschee. Wo man eben die Dinge ungestört regeln kann. Deutsche Polizisten oder Rechtsanwälte sind unerwünscht, überhaupt lässt man deutsche Gesetze und deutsche Rechtsprechung lieber außen vor und vermeidet jede Form von Aufmerksamkeit. Stattdessen rückt eine andere Person in den Mittelpunkt, wenn es darum geht, zwischen zwei Konfliktparteien zu vermitteln, Streitigkeiten zu schlichten und den Frieden wiederherzustellen.

Genau aus diesem Grund werden sie auch »Friedensrichter« genannt, und manche bezeichnen sich auch selbst so, obwohl es kein offizieller Titel ist. Bei näherer Betrachtung zeigt sich, dass es dabei weder friedlich noch gerecht zugehen muss – zumindest nicht für unser westliches

Rechtsverständnis. Kein Wunder, es geht ja auch darum, einzig und allein im Sinne traditionellen islamischen Rechtsdenkens zu vermitteln, also auf Grundlage der Scharia.

Friedensrichter kommen fast ausschließlich zum Einsatz, wenn sowohl Täter als auch Opfer aus dem islamischen Kulturkreis stammen. Sind beide Seiten religiös, kommen auch Imame für die Rolle infrage. Das ist aber kein Muss. Genauso wenig ist es ein Muss für einen Friedensrichter, eine juristische Ausbildung vorzuweisen, um seine Funktion auszuüben. Die Familientradition ist auch in diesem Fall von weitaus größerer Bedeutung: Oftmals wird das Amt vom Vater übernommen, der es wiederum von seinem Vater übernommen hatte und so weiter. Mit der islamischen Kultur wurde so auch ein Stück islamischer Rechtsprechung nach Deutschland importiert – ohne dass große Teile unserer Bevölkerung jemals davon Wind bekommen hätten.

Was soll daran so schlimm sein, wenn muslimische Migranten Familienstreitigkeiten unter sich regeln? Nun, im Einzelfall entstehen daraus natürlich nicht immer Probleme, die uns schlaflose Nächte bereiten müssten. Man muss nicht wegen jeder Ohrfeige gleich Rechtsanwälte und Richter beschäftigen, die hätten wirklich Besseres zu tun. Allerdings widerspricht islamisches Familienrecht in einigen grundlegenden Zügen unserem Familienrecht. Teilweise sogar massivst, wenn man an Zwangsehen oder die Duldung von Selbstjustiz bei Ehrverletzungen denkt, um nur zwei zu nennen.

Es geht Friedensrichtern in erster Linie darum, Frieden in der Community zu schaffen. Auch hier steht die Gemeinschaft über dem individuellen Recht. Ein Gedanke, dem wir nicht zum ersten Mal begegnen. Ein zweites Merkmal: Das Amt ist reine Männersache. Und so sehen auch die Ergebnisse der Schlichtungen aus – wenn Frauen betroffen sind, sind die Urteile in aller Regel nicht zu ihrem Vorteil.

Ich würde das Ganze auch nicht thematisieren, wenn es sich dabei um vereinzelte Beobachtungen handeln würde. Doch Friedensrichter gibt es heute nicht nur in den erwähnten Ballungsräumen Berlin, Bremen/Bremerhaven und Ruhrgebiet, sondern auch in Frankfurt am Main, Hamburg, Stuttgart, Mannheim, München und teilweise auch in ländlichen Gegenden. Sie gehören längst flächendeckend zum Alltag in Deutschland. Allein das sollte uns zu denken geben.

Im Kern der islamischen Paralleljustiz stehen – wenig verwunderlich – der bereits mehrfach bemühte Ehrbegriff, der die »Ehre« über Gesundheit und Leben stellt, sowie die Höherstellung des Mannes über die Frau. Letztere wird durch den Koran legitimiert. Allah ist erhaben und groß – aber nur, wenn die Frau gehorcht. Allein diese beiden Punkte würden zur Erklärung vieler Konflikte mit unseren Moral- und Rechtsvorstellungen führen. Verschärfend kommt in der Praxis aber leider hinzu, dass sowohl die Unterdrückung der Frau als auch die Bedeutung der »Ehre« zu einer spürbar höheren Gewaltakzeptanz in diesen Gesellschaften führen. Und diese wurde beim Import nicht vergessen oder über Bord geworfen. Im Gegenteil: Vor allem in der dritten Generation scheint sie wieder zuzunehmen.

Und so werden auch die Strafen, die deutsche Gerichte

verhängen, von vielen als zu mild empfunden. Wenn ein 20-Jähriger nach Jugendstrafrecht sieben Jahre Haft für das Abstechen eines anderen Jungen bekommt, bringt das die Angehörigen des Opfers nur noch mehr auf die Palme. In ihren Augen dürfen sich die Deutschen dann nicht wundern, wenn die Migranten zur Selbstjustiz greifen – sie werden ja geradezu dazu gezwungen.

Und deshalb begegnet man auch in deutschen Gerichtssälen Verhaltensweisen, die ich von meinem Streifendienst auf Bochums Straßen nur zu gut kenne.

Anfang 2014 kam es in Frankfurt am Main zu einem Prozess um eine tödliche Messerstecherei unter jungen arabischstämmigen Männern. Schon im Gerichtssaal kam es zu einem offenen Streit zwischen Freunden des Täters und des Opfers, nur mit Mühe war Ruhe in die Verhandlung zu bringen, es erfolgten Zwischenrufe, der Ablauf wurde immer wieder bewusst gestört. Kurz nach der Urteilsverkündung wurde es noch schlimmer: Als ein Zeuge unter Polizeischutz nach Hause begleitet werden sollte, wurde er gleich von einer ganzen Gruppe der Gegenpartei angegriffen. Wohlgemerkt: im Beisein der Polizei. Es kam zur Eskalation, an deren Ende 33 Festnahmen standen.

Was ist schon das Urteil eines deutschen Gerichts gegen das Ehrempfinden eines Täters oder der Familie des Opfers? Dass dabei auch noch Polizisten verletzt werden, wird als Kollateralschaden in Kauf genommen, unwichtige Nebensache. Ein beteiligter Beamter sagte später: »Sie denken, sie können sich darüber hinwegsetzen. Stellen wir uns ihnen in den Weg, sind wir gleich der Feind.«

Gerade unter jungen muslimischen Männern häufen sich Fälle dieser Art. Das Beispiel in Frankfurt ist sicher noch kein Alltag, nicht jedes Mal kommt es automatisch zu einer Eskalation wie dieser. Das ist aber kein Grund zur Beruhigung: Es gibt Schätzungen, wonach den deutschen Strafverfolgungsbehörden neun von zehn Straftaten im muslimischen Milieu verborgen bleiben. 90 Prozent! Selbst wenn die Zahl nur grob die Richtung vorgeben sollte, wird klar, dass die allermeisten Konflikte gar nicht erst auf unserem Radar erscheinen. Hier werden vielleicht keine rechtsfreien Räume geschaffen – es ist bloß nicht mehr unser Recht, das dort gilt!

Die deutsche Justiz wird umgangen, und auch jede Form der Kooperation mit der deutschen Polizei ist in diesen Kreisen verpönt, um es mal vorsichtig auszudrücken.

Die Strafverfolgung wird oft allein schon dadurch ad absurdum geführt, dass Zeugen in der Verhandlung unter plötzlichen Erinnerungslücken leiden. Auffälligerweise treten diese Erinnerungslücken gerne erst ein, nachdem durch Friedensrichter eine außergerichtliche Regelung in Gang gesetzt wurde. Das heißt, der Friedensrichter führt Gespräche mit beiden Parteien, schlägt eine Lösung vor, die oft eine Entschädigung in Form von Geld beinhaltet, und versucht so, die »Ehre« wiederherzustellen und wieder Ruhe in die Community zu bringen. Mögliche Urteile durch deutsche Gerichte würden da nur stören und die eigenen Verhandlungen unnötig verkomplizieren. Also vermeidet man diese am besten gleich ganz beziehungsweise entzieht sich ihnen. Das funktioniert gut, wenn Zeugen sich nicht mehr erinnern können, sich widersprechen oder gleich ganz die Aussage verweigern, entweder aufgrund massiver Einschüchterung oder einfach finanziellen Entschädigungen. Beweise fallen in sich zusammen, und die Justiz schaut fast schon hilflos zu. Und weil Friedensrichter allein aufgrund der Kooperationsbereitschaft ihrer Klientel wesentlich schneller und effektiver arbeiten können als deutsche Gerichte, ist die ganze Angelegenheit meistens längst untereinander geklärt, bevor der Verhandlungstermin ansteht. Es ist keine Ausnahme, wenn es dann heißt: »Wir brauchen euch nicht mehr, alles schon geregelt.«

Friedensrichter werden deshalb auch nicht müde zu betonen, dass sie durch ihr Wirken den überlasteten deutschen Gerichten viel Arbeit ersparen. So kann man es auch ausdrücken. So einen Fall, in dem mit keinerlei Kooperationsbereitschaft zu rechnen ist, noch einmal komplett von vorne aufzurollen würde jedenfalls in der Tat sehr viel Arbeits- und Zeitaufwand bedeuten. Ohne besonders große Aussicht auf Erfolg. Das kann natürlich abschrecken. Und wenn es immer öfter vorkommt, kann es auch ermüden. Darf es aber nicht. Denn beides ist doch gerade erwünscht, ist Teil der Strategie. Das Verfahren wird dann aufgrund von Überlastung der Gerichte einerseits und Mangel an Beweisen andererseits oft eingestellt. Die Straftäter marschieren aus dem Gerichtssaal und fühlen sich in ihrem Vorgehen auch noch offiziell bestätigt. Schade um die teilweise monatelange Ermittlungsarbeit, viel schlimmer aber ist, dass hier ganz offensichtlich die Machtverhältnisse verschoben werden.

Für mich liegt ein Ansatzpunkt, diesem Problem auf die Pelle zu rücken, in der Person des Friedensrichters. Vieles, was ich bereits über archaische Weltbilder, über Erziehungsvorstellungen, über das Patriarchat, über die Macht der Familie, über Parallelstrukturen aufgeführt habe, spiegelt sich sogar in eigenen Aussagen von Friedensrichtern eins zu eins wider. Es gibt eine sehenswerte Doku mit dem Titel *Selbsternannte Richter* von Güner Balci, in der ein Friedensrichter erstaunlich offen über sein Amt berichtet und seine Funktion erklärt. Auch wenn er genau weiß, wann er undurchsichtig bleiben muss, ist der Film vielsagend.

Friedensrichter arbeiten offiziell ehrenamtlich. Ob das im Einzelfall stimmt oder nicht, ist schwer zu überprüfen, bleibt aber zumindest zweifelhaft. Klingt aber auf jeden Fall gut und unverdächtig und macht somit weniger angreifbar. Weniger gut klingen in meinen Ohren folgende beispielhafte Grundsätze für die Arbeit eines Friedensrichters, die in der genannten Doku anklingen: Ein Mann muss sein Recht verteidigen, er muss im Zweifel dafür auch seine Faust erheben. Die eigenen Gesetze der Stärke und Tradition stehen über allen anderen Gesetzen. Sitten und Bräuche können nicht in ein, zwei Generationen abgelegt werden. Wer sich mit der Polizei einlässt, um sein Recht einzufordern, verliert seine Ehre, er verliert sein Gesicht und wird nicht länger respektiert …

Ich denke, allein schon in der letzten Aussage wird klar, warum der Schritt zur Kooperation mit deutschen Behörden für viele unmöglich ist. Der Preis wäre viel zu hoch: Sie würden schlichtweg aus ihrer Community verstoßen. Eine freie Entscheidung wird quasi unmöglich. Dass es in den allermeisten Fällen erst gar nicht zu einer Strafverfolgung kommt, liegt auch daran, dass dieses System der Angst in der Praxis sehr effektiv funktioniert. Und es wird auch durch die Arbeit von Friedensrichtern immer wieder zementiert. Ich habe schon selbst mehrfach erlebt, dass Zeugen bereits kurz nach einer Tat, schon bei der Erstvernehmung durch die Polizei, die Aussage verweigerten, wenn sie wussten oder auch nur ahnten, aus welchen Kreisen der Täter stammte. Sie wussten ganz genau, dass der Fall anders geklärt würde. Da störte die deutsche Polizei bloß. Oder noch wahrscheinlicher: Sie hatten Angst. Dann war die Polizei meist auch keine Hilfe.

So oder so: Ehre schlägt Vernunft. Der schon öfter vorgebrachte Vorwurf der Justiz, die Polizei müsse bei ihrer Ermittlungsarbeit so fragen, dass die Aussagen auch dann noch verwertbar bleiben, wenn die Zeugen vor Gericht unter Gedächtnisverlust leiden, bringt uns in diesen Fällen also kaum weiter. Da ist der Zug längst abgefahren, bevor wir auf der Bildfläche erscheinen.

Und wieder tritt das Recht des Stärkeren zutage: Drohungen hinterlassen Spuren, Menschen fürchten sich, Aussagen zu machen, und fügen sich lieber in ihr Schicksal, bevor es noch mehr Ärger gibt. Ja, im Einzelfall ist es natürlich nachvollziehbar, warum wir in diesen Fällen bei der Ermittlungsarbeit so oft auf nichts als Schweigen treffen. Aber bei allem Verständnis: Wenn wir das aus falscher Rücksichtnahme, blindem Verständnis oder gar eigener Angst auch nur ansatzweise dulden, sind wir es auch selbst, die unseren Rechtsstaat verhöhnen.

Muslime sind seit den Sechzigerjahren ein Teil der deutschen Gesellschaft – aber nicht die Scharia! Da müssen wir eine klare Grenze ziehen und dürfen auch keine Kompromisse zulassen. Wir dürfen uns nicht hilflos ergeben und diese Paralleljustiz dulden. Viel zu oft passiert das schon. Ich bin der Meinung, wir müssen uns dagegen zur Wehr setzen, mit allen Mitteln, die uns zur Verfügung stehen.

Wenn Kooperation ausgeschlagen wird oder nichts bringt, dann muss das staatliche Gewaltmonopol auch mit Konfrontation durchgesetzt werden. Das ist eine Aufgabe, die Hartnäckigkeit verlangt, und ich finde, man sollte dabei auch vor Härte nicht zurückschrecken, wenn damit ein Signal gesetzt werden kann. Und zwar nicht einzig zum Zweck der Machtdemonstration, nein, es muss aus der Überzeugung heraus kommen, damit die Integration zu fördern. Wenn es beispielsweise gelänge, auch mal einen Friedensrichter zu verurteilen, indem man nachweist, dass er an der Vertuschung von Straftaten beteiligt ist, könnte das so ein Zeichen sein, das wachrüttelt. Der deutsche Rechtsstaat darf sich nicht durch Aussageverweigerungen und Lügen aushebeln lassen. Hier ist die Justiz gefragt, die vorhandenen Möglichkeiten besser auszuschöpfen. An erster Stelle steht allerdings – wie beim Neuköllner Modell – die Bereitschaft zur Kooperation der beteiligten Organe. Das muss Konsens auf allen betroffenen Ebenen sein, sonst wird das Unterfangen schwer bis unmöglich.

Wenn es um islamische Paralleljustiz und die Scharia geht, wenn ich schon darüber schreibe, dass die Probleme nicht nur auf Bochums Straßen überproportional mit jungen muslimisch geprägten Männern und deren Vorstellungen von Moral, Ehre, Männern, Frauen und Familie zu tun haben, dann muss ich an dieser Stelle auch einen Abstecher zum Islam selbst machen.

Nur jeder vierte Deutsche hat keine Vorbehalte gegenüber dem Islam, so richtig scheint die Mehrheitsgesellschaft dieser Religion nicht zu trauen. Woran liegt das? Pure Islamophobie? Nein, sicher nicht! In Deutschland wird wesentlich toleranter mit fremden Religionen umgegangen als beispielsweise in islamischen Ländern. Aber ist das spürbare Misstrauen der Mehrheitsgesellschaft nun wirklich begründet oder doch nur aus der Luft gegriffen?

Etwa ein Drittel aller Muslime in Deutschland bezeichnet sich als stark gläubig und gibt an, täglich zu beten. Wie alle Erhebungen dieser Art muss man auch diese mit Vorsicht genießen, zumal beim Islam mit seinen zahlreichen unterschiedlichen Ausprägungen. Dennoch lässt sich immer wieder beobachten, dass gerade bei religiös dominierten Muslimen die Distanz zur Mehrheitsgesellschaft besonders groß ist – und durch den Glauben zementiert wird, unabhängig vom Bildungsniveau.

Der Islam durchdringt alle Facetten des Lebens eines Muslims. Er beantwortet alle Fragen – von der korrekten Kleidung bis zur Polygamie. Der Mensch hat die Pflicht, diesen Regeln zu folgen, und in strengen Auslegungen bedeutet das eben Vollbartpflicht für Männer und Verschleierung für Frauen. Ein Infragestellen ist nicht gewünscht und auch nicht vorgesehen. Wenn Gottes Ordnung alles regelt, wirklich alles, vom Tagesablauf bis zum Rechtsverständnis, von der Unterordnung der Frau bis zu Fragen der Kleidung und des Speiseplans, wenn nur Gott allein weiß, was richtig und was falsch, was gut und was böse ist, wenn die ganze Welt überwiegend in schwarz und weiß gemalt wird, wenn die Familienehre (was auch immer man darunter im Einzelnen verstehen mag) über allgemeingültigen Gesetzen steht und erlittenes Unrecht im gleichen Maße oder noch stärker vergolten wird, dann darf man sich nicht über einige Probleme, die wir heute schon mit straffälligen Muslimen haben, wundern.

Denn in Deutschland ist in den meisten muslimischen Migrantenhochburgen eine Entwicklung auffällig: In den sozialen Brennpunkten, dort, wo besonders viele Menschen keine Arbeit haben und auf den Staat angewiesen sind, wo Bildungsschwäche und all die anderen negativen Merkmale auf große Teile der Einwandererfamilien zutreffen, definieren sich besonders viele Menschen über ihre religiöse Zugehörigkeit. Genau dort stehen die Moscheen mit den meisten Besuchern im ganzen Land.

Wenn es zu Problemen mit Muslimen kommt, heißt es immer wieder, das habe nichts mit dem Islam zu tun, das wären Einzelfälle, und die Deutschen würden das nicht verstehen. Ein bekanntes Totschlagargument. Kleinste Kritik am Islam wird als Islamophobie gedeutet und der Absender als unverbesserlicher Islamfeind gebrandmarkt. Selbst Nazivergleiche mit dem Holocaust sind schnell bei der Hand. Dem darf man nicht so schnell auf den Leim gehen: Hier werden bewusst gleich die schwersten Geschütze aufgefahren, um jede weitere Diskussion direkt im Ansatz zu ersticken. Ließen wir das zu, würde es nicht nur den Holocaust relativieren (was nicht geht!), es würde auch grundsätzlich jede weitere Form von freier Meinungsäußerung und Kritik verbieten – dann hätte man die eigenen Werte über Bord geworfen und sich der islamischen Sichtweise gebeugt.

Wenn man diesen Hintergrund bedenkt, dieses Welt- und Menschenbild, diese kulturelle Prägung, dann ist es fast schon logisch, dass eine Gruppe ganz besonders darunter leiden muss: die Frauen.

Sie werden nicht wie freie, gleichwertige Menschen behandelt, sondern bleiben oft ihr Leben lang in Rollen gefangen: Sie sind Tochter, Schwester, Frau, Mutter, Großmutter. Sie müssen gehorchen, sonst werden sie bestraft. Sie werden auf ihre Jungfräulichkeit reduziert und verschachert – fast schon wie Tiere. Sind sie verheiratet, geht es nur noch um den Nachwuchs, möglichst einen Stammhalter.

Alles übertrieben, alles nur Horrormärchen vom frauenverachtenden Muselmann? Schön wär's. Natürlich wird nicht jede Frau geschlagen und wie eine Sklavin gehalten, aber es gibt diese Fälle zur Genüge, mitten in Deutschland, sie wurden mehrfach beschrieben und nachgewiesen.

Ob nun stronggläubig oder liberal, praktizierend oder nicht – an der Rolle der Frau lässt sich eines der größten Integrationsprobleme muslimisch geprägter Migranten ablesen. Selbst wenn der Islam nur vorgeschoben wird, es geht um Macht und den Erhalt des Patriarchats. Denn es ist am Ende nicht Gott, es sind Männer, die vorschreiben, wie Frauen sich zu kleiden und zu verhalten haben, und es sind Männer, die Fehlverhalten auf unterschiedlichste Art und Weise sanktionieren.

In strengen Familien sehen die Regeln für Frauen etwa so aus: Sie sollen zu Hause bleiben, sich um die Kinder und den Haushalt kümmern, also Wäsche waschen, Essen kochen, putzen. Dafür braucht es nicht mehr Bildung als absolut nötig. Die stört mehr, als sie nützt. Arbeiten dürfen viele nur gehen, wenn es zum Beispiel eine Auflage der Arbeitsagentur ist, weil sonst die Sozialhilfe gekürzt würde. Bei der Arbeit droht Kontakt mit fremden Männern, und das bedeutet fast immer Unheil. Diesen Kontakt gilt es zu vermeiden, sofern man ihn nicht genau kontrollieren kann, im eigenen Laden etwa oder dem eines Verwandten. Besser also grundsätzliche Verbote: keine Freizeitbeschäftigungen, keine freien Entscheidungen, kein Kontakt zu Fremden. Wer sich nicht daran hält, dem droht häusliche Gewalt. Oder Schlimmeres, wenn die »Ehre« der Familie beschmutzt wird, etwa weil die Tochter sich ihren Ehemann selbst aussuchen möchte. Oder wenn es Streit um das Brautgeld gibt, das natürlich die Männer aushandeln.

Heirat ist sowieso Familienangelegenheit – individuelle Wünsche, Bedenken und Gefühle der Eheleute sind zweitrangig. Für Frauen bedeutet das: drittrangig beziehungsweise unbedeutend. Noch weiter unten stehen nur noch nichtmuslimische Frauen. Überspitzt formuliert: Eine Deutsche oder eine Griechin, die hier in Deutschland keinen Muslim heiraten möchte, wird schnell mal als Rassistin abgestempelt, während ein Muslim, der keine Deutsche oder Griechin heiraten möchte, lediglich seine religiöse Identität pflegt. Was ich damit sagen möchte: Der verachtende Umgang mit Frauen beschränkt sich nicht auf die muslimische Gemeinde – was für sich schon schlimm genug ist –, er wird ganz selbstverständlich auch nach außen getragen.

Muslimische Männer gehen spürbar anders mit mir um als mit meinen männlichen Kollegen. Es interessiert sie nicht, dass ich in Uniform vor ihnen stehe. Wenn bei einem Einsatz ein männlicher Kollege das Gespräch führt, werde ich ignoriert und wie Luft behandelt. Wenn ich nicht gerade im Weg stehe. Führe ich das Gespräch, werde ich oft nicht als gleichwertige Gesprächspartnerin akzeptiert. Man fällt mir ins Wort, nimmt mich nur selten auf Anhieb ernst, fordert mich auf zu verschwinden oder geht mich offensiv verbal an. Die Missachtung äußert sich in dummen Sprüchen, übler Anmache, Provokationen und Beleidigungen, teilweise auf niedrigstem Niveau. Gerne in gebrochenem Deutsch oder in der jeweiligen Muttersprache.

Die Ablehnung als Polizistin beziehungsweise als Uniformträgerin kann ich gerade noch hinnehmen. Das sehe ich professionell. Bei den Respektlosigkeiten, Beleidigungen und Erniedrigungen, die ich mir als Frau und auch als Ausländerin gefallen lassen muss, fällt mir das schon deutlich schwerer. Daran kann und werde ich mich nicht gewöhnen, und ich toleriere es auch nicht.

Ich bin erstens keine Muslimin, und zweitens lebe ich nicht in einer muslimischen Gesellschaft. Ich werde nicht zulassen, dass die Gleichberechtigung, die sich die Frauen hier in unserer Gesellschaft mühsam erkämpft haben, eingeschränkt, umgangen oder gar aufgehoben wird. Nichts anderes verfolgen diese Machos, da können sie so lässig grinsen, wie sie wollen. Da kann man noch so freundlich mit ihnen reden, unterm Strich bleiben Respektlosigkeit, Nichtakzeptanz und Diskriminierung. Nicht immer, aber jedes einzige Mal ist schon viel zu oft.

Was mich zu diesem harschen Urteil bringt? Nun, ein gebildeter Mensch würde das Weite suchen, ein ungebildeter würde zuschlagen. Als Polizistin geht weder das eine noch das andere, da bin ich den ständigen Provokationen zunächst einmal ungeschützt ausgesetzt. Das wird ausgenutzt. Mir bleibt nur die Reaktion – und auch die nur in einem engen Rahmen.

Wenn ich diesen bei den täglichen Machtkämpfen ausschöpfe, sagen mir einige meiner männlichen Kollegen, dass ich mich nicht provozieren lassen soll. Es geht mir aber nicht um die einzelne Provokation, sondern darum, dass sich die Polizei nicht alles gefallen lassen darf. Wenn wir ein solches Verhalten nicht einmal ansprechen, merken die Machos nur, dass die Polizei (als Ganzes, nicht nur die Frauen!) eh nichts dagegen unternimmt. Dafür haben sie nämlich ein erstaunlich gutes Gespür. Und beim nächsten Mal geht es dann noch ein Stückchen weiter. Ohne klare Grenze nehmen sie sich immer mehr heraus. Viele Kollegen scheuen diesen Konflikt, obwohl er natürlich abzusehen ist. Selbst bei Diskriminierungen von weiblichen Kolleginnen hat Deeskalation oberste Priorität. Keiner möchte eine Situation zum Kippen bringen, keiner will sich verletzen und mehr Stress als nötig haben. Ist ja auch richtig. Die Bürger sollten anerkennen, dass die Polizei so kommunikativ, transparent und deeskalierend wie möglich vorgeht. Das Wort ist unsere beste Waffe. Sehr oft verhindern wir dadurch eine Eskalation der Lage.

Das heißt aber nicht, dass man das Wort nicht auch für klare Ansagen benutzen darf. Ich finde, man *muss* es sogar. Vor allem, wenn Beleidigungen wie »Verpiss dich, du Schlampe« keine Seltenheit mehr sind. Und vergleichsweise harmlos. Nichtmuslimische Frauen als Schlampen, Huren oder Nutten zu bezeichnen hat sich schon bei den Jüngsten durchgesetzt, die noch nicht einmal verstehen können, was sie da eigentlich sagen. Die Überzeugung, dass nur die »eigenen« Frauen sittsam wären, weil sie jungfräulich in die Ehe gehen und nicht wie die anderen von Bett zu Bett hüpfen, kann Ihnen schon jeder Vorpubertierende bestätigen. Wer mit so einem Frauenbild aufwächst, lässt seinen Worten früher oder später wahrscheinlich auch Taten folgen.

Meine Kollegen und ich fuhren zu einem Einsatz. Anlass war ein angeblicher Familienstreit. Wir klingelten, und ein türkischer Mann mittleren Alters öffnete die Tür. In der Wohnung waren einige in Folie verpackte Gegenstände sowie Kartons und Tüten auf dem Boden zu sehen, mehrere Menschen waren im Hintergrund zu hören. Augenscheinlich stand ein Um- oder Einzug an.

Ich fragte den Mann, ob er es war, der die Polizei angerufen hatte. Er verneinte und gab stattdessen an, dass alles in Ordnung sei. Niemand habe die Polizei gerufen. Eine junge Frau, die sich als die Tochter des Mannes herausstellte, stand im Flur und schaute mich verängstigt an. Sie traute sich aber nicht, mit mir zu sprechen. Aufgrund ihres Verhaltens nahm ich an, dass sie den Anruf getätigt hatte, und fragte sie das auch. Der Mann sagte sofort, seine Tochter habe niemanden angerufen. Die junge Frau schaute nur auf den Boden.

Um sicher zu sein, dass wir in der richtigen Wohnung waren, ließ ich die Nummer des Notrufs von der Leitstelle zurückverfolgen. Prompt klingelte das Telefon in der Wohnung. Um den Sachverhalt klären zu können, ging ich mit der Frau alleine in ein Zimmer. Sie sagte mir, dass die Familie noch am selben Tag in die Türkei fahren würde. Bei den vielen Leuten und dem ganzen Stress sei es zum Streit gekommen, und sie habe aus Angst die Polizei gerufen. Es sei nicht zu Handgreiflichkeiten gekommen.

Ich spürte ihre Anspannung und Unsicherheit, die aber nicht durch meine Anwesenheit, sondern vermutlich durch die des Vaters verursacht wurden. Ich versuchte, sie zu beruhigen, um mehr zu erfahren. Sie entschuldigte sich für den Anruf, weil sie nicht gewusst habe, was sie sonst hätte machen können. Da gab es aus meiner Sicht nichts zu entschuldigen, und das sagte ich ihr auch. Sie hatte sich vollkommen richtig verhalten. Aber mehr konnte oder wollte sie nicht erzählen.

Kurz darauf ging ich mit ihr zurück und sprach mit dem Vater, der nach meinem Gefühl von Anfang an wusste, wer den Notruf gewählt hatte. Ich teilte ihm mit, dass so etwas nicht schlimm sei und er in Zukunft offen und ehrlich mit der Polizei sprechen solle, damit der Sachverhalt geklärt werden könne. Mehr gab es in diesem Moment nicht zu tun.

Beim Verlassen der Wohnung konnte ich allerdings den hasserfüllten Blick des Vaters erkennen, der auf seine Tochter gerichtet war. Der verhieß nichts Gutes. Ich ergriff die Gelegenheit und führte mit ihm eine sogenannte Gefährderansprache durch, die ihm meine Meinung verdeutlichte, dass hier nicht alles so harmonisch war, wie es den Eindruck machen sollte. Ich drohte weitere Maßnahmen an für den Fall, dass es zu Handlungen zum Nachteil seiner Tochter kommen würde. Er war empört und erwiderte, dass es Gewalt in seiner Familie nicht geben würde. Das sah ich nicht so. Vielleicht keine physische Gewalt, aber psychische, die nicht weniger schlimm ist, schien mir in der Familie durchaus wahrscheinlich. Aber beweisen konnte ich es nicht. Und so mussten wir den Einsatz an dieser Stelle beenden.

Das Verhalten der jungen Frau war typisch für unterdrückte muslimische Frauen. Sie trauen sich oft nicht, sich in Gegenwart von Männern zu äußern, aus Angst vor möglichen Konsequenzen. Deshalb ist es ganz wichtig, bei den ersten Anzeichen mit den Frauen sofort unter vier Augen ein Gespräch zu führen. Hier ist es ausnahmsweise mal von Vorteil, dass ich eine Frau und obendrein Ausländerin bin. Denn so kann ich alleine durch meine Person eine Vertrauensbasis schaffen, und die Frauen öffnen sich mir leichter als meinen männlichen Kollegen. Aber in den meisten Fällen erreiche auch ich nur wenig.

Warum machen die Frauen da überhaupt mit, warum brechen sie nicht aus? Im Einzelfall ist das kompliziert, aber im Grunde lässt sich immer wieder erkennen, dass sie sich in ihr Schicksal ergeben, weil sie den »sozialen Tod« fürchten. Die Angst, von der Familie verstoßen oder gar verfolgt zu werden, die Angst vor Rache, die Angst, den Rest des Lebens alleine zu sein, ist stärker als das Bedürfnis nach Selbstbestimmung und Freiheit. Und man darf nicht vergessen: Sie werden von klein auf in diese Rolle hineinerzogen. Selbstbestimmung lernen die meisten erst gar nicht kennen und können sie deshalb auch weder nutzen noch vermissen. Sie fügen sich also in ihr Schicksal, selbst wenn es sie am Ende in Depressionen stürzt.

Bei dem gerade geschilderten Fall kam es (noch) nicht zum Äußersten. Eine andere türkische Frau, die ich im Einsatz kennenlernte, erlebte jedoch tatsächlich Schlimmeres. Sie war 20 Jahre alt, modern, weltoffen und in Deutschland bestens integriert. Doch die junge Frau erlebte Gewalt, ausgehend von ihrer eigenen Familie. Sie hatte blutende Verletzungen in ihrem gerade anschwellenden Gesicht und weinte, als wir eintrafen. Während sie im Rettungswagen versorgt wurde, erzählte sie mir ihre Geschichte.

Ihr Vater und ihr Bruder hatten sie mit Faustschlägen gemeinsam attackiert. Grund für den Angriff war, dass sie studieren und von zu Hause ausziehen wollte. Damit waren die Hausherren absolut nicht einverstanden. Die Männer waren der Ansicht, dass die Tochter beziehungsweise Schwester erst dann ausziehen dürfe, wenn sie verheiratet wurde. Sie tat mir leid, und ich riet ihr, so schnell wie möglich ihre Familie zu verlassen und sich staatliche Hilfe zu holen. Es gibt einige Einrichtungen, die direkte Unterstützung bieten können. Ich riet ihr weiter, dass sie ausbrechen solle, solange die Gewalt noch nicht zur Gewohnheit geworden war. Denn meine Erfahrung sagt mir, dass Opfer, die einmal Gewalt erfahren haben, sehr wahrscheinlich auch in Zukunft Gewalt erleben werden, und zwar immer mehr und immer brutaler: Bis auf wenige Ausnahmefälle ist sich fortsetzende Gewalt die Regel.

Es wird mir immer ein Rätsel bleiben, wie man ein Familienmitglied, das man zu lieben vorgibt, körperlich verletzen und unterdrücken kann, weil es ein eigenes Leben führen möchte. Aber Ehre bleibt Ehre, und Gewaltbereitschaft bleibt Gewaltbereitschaft - wahrscheinlich auch in der Familie der jungen Türkin.

Sie wurde ins Krankenhaus gebracht, und ich konnte ihr die Entscheidung, sich von ihrer Familie zu trennen, leider nicht abnehmen. Wie sie sich letztendlich entschieden hat, weiß ich nicht. Ich denke aber, dass sie wieder zurückgegangen ist. Denn die meisten Frauen kehren zu ihren Familien zurück, da sie sonst (fast) niemanden haben und in der türkischen Gesellschaft mit solch einem Verhalten geächtet werden. Ich hoffe dennoch, dass die junge Frau so mutig war, ihre Familie zu verlassen. Und sei es nur für kurze Zeit. Abstand zu gewinnen ist wichtig, um sich in Ruhe über das zukünftige Leben Gedanken machen und Entscheidungen treffen zu können - nicht nur für Musliminnen.

Auch mein Vater reagierte zornig, als ich meinen Eltern eines Abends mitteilte, dass ich nach der Ausbildung ausziehen wollte. Ich bin ein Mensch, der seinen Freiraum und seine Ruhe braucht, auch wegen meiner unregelmäßigen Arbeitszeiten. Beides habe ich zu Hause selten gehabt. Meinem Vater fiel es sichtlich schwer, das nachzuvollziehen, er war aufgebracht wie selten zuvor. Man merkte in dieser Situation deutlich, dass wir unterschiedlichen Generationen angehören. Ich wurde zu Hause nie unterdrückt, benachteiligt oder Ähnliches. Aber freie Entscheidungen können natürlich auch auf wenig Gegenliebe stoßen, das ist der Preis der Freiheit. Damit kommen meine Eltern inzwischen klar, seit ich ausgezogen bin, verstehen wir uns fast besser als zuvor. Viele muslimische Eltern tun sich jedoch sogar in der dritten Generation noch sehr schwer mit freien Entscheidungen. Ich habe manchmal eher den Eindruck, die Rückwärtsgewandtheit nimmt wieder zu, wenn ich junge muslimische Männer sehe.

Aber natürlich sind Frauen nicht die besseren Menschen. Und sie sind auch in muslimischen Familien nicht immer nur Opfer.

Vor einigen Wochen wurde ich zu einem Streit in einer türkischen Familie gerufen, eine Schlägerei zwischen Bruder und Schwester. Der Bruder, Mitte 20, und das noch minderjährige Mädchen hatten sich wegen einer Bagatelle lautstark in die Haare bekommen. Der Bruder erwartete uns draußen auf der Straße, die junge Frau kam kurz darauf aus dem Haus. Äußerst selbstbewusst im Auftreten, eine drahtige Fußballerin, eine Frau, die keineswegs über sich bestimmen ließ. Das bekamen auch mein Kollege und ich zu spüren: Wir versuchten, das tobende Mädchen von ihrem Bruder fernzuhalten und zum Sachverhalt zu vernehmen, doch sie ließ sich nicht beruhigen, und bei dem anschließenden Gerangel wurde ich leicht verletzt. Schließlich nahmen wir sie aufgrund ihres Widerstands mit auf die Wache. Zu meiner Überraschung zeigte sie sich dort plötzlich reumütig, und ich merkte, dass sie ihr aggressives Verhalten ernsthaft bedauerte. So kamen wir ins Gespräch, am Ende überlegten wir sogar gemeinsam, wie sie das Problem mit ihrem älteren Bruder lösen könnte. Mir hat diese Erfahrung gezeigt, dass es nach einer Konfrontation zwischen Polizei und Bürger auch wieder zu einer Annäherung kommen kann, dass Empathie möglich ist. Leider ist das in der Praxis viel zu selten der Fall.

So verwundert es mich nicht, dass auch innerhalb der Bevölkerung die Gräben zwischen deutscher Mehrheitsgesellschaft und der Parallelwelt, in der sich bestimmte muslimische Gruppen versammeln, nach wie vor tief sind. Eine meiner integrierten türkischen Freundinnen erzählte mir, dass sich bis vor Kurzem eine Gruppe türkischer Frauen reihum in ihren Wohnungen traf. Meine Freundin bekam die Treffen, an denen auch ihre Mutter teilnahm, nur am Rande mit. Irgendwann hörte sie allerdings, wie eine Türkin den anderen Frauen gegenüber behauptete, dass muslimische Kinder an deutschen Schulen grundsätzlich benachteiligt würden. Die Kinder sollten den Lehrern deshalb sofort widersprechen, wenn sie sich benachteiligt fühlten, und die Erwachsenen sollten nie zu den Schulbehörden, sondern immer zu ihren Kindern halten. Natürlich darf man Entscheidungen einer Schule, etwa die Empfehlung einer weiterführenden Schule, anzweifeln und sollte es als engagierte Eltern auch. Aber die Frau hetzte geradezu, als wäre sie Opfer einer Verschwörung gegen alles Muslimische. Daraufhin mischte sich meine Freundin in die Diskussion ein und versuchte, ihre gegenteiligen Erfahrungen deutlich zu machen – überzeugen und eines Besseren belehren konnte sie die anderen aber leider nicht.

Vielleicht ein Einzelfall? Die Manipulation von Frauen scheint jedenfalls prima zu funktionieren, wenn das Integrationsproblem nur bei den Deutschen beziehungsweise Andersgläubigen gesucht wird und nicht bei den eigenen Männern oder dem Rollenverständnis ihrer Kultur.

Wenn mir muslimische Frauen sagen, sie tragen das Kopftuch als Zeichen ihrer Liebe zu Allah und absolut freiwillig, fällt mir das nur in wenigen Fällen leicht zu glauben. Eigentlich in keinem einzigen. Es kann mir keiner erzählen, das wäre mit einer offenen Gesellschaft, wie wir sie in weiten Teilen Europas pflegen, sonderlich gut vereinbar. Ich sehe es sogar im Gegenteil als bewusste Abgrenzung von der Gesamtgesellschaft.

Als ich noch ein Kind war, habe ich kaum Frauen mit Kopftüchern gesehen. Das waren absolute Ausnahmen. Jetzt laufen von Jahr zu Jahr mehr Kopftuchträgerinnen durch Bochums Innenstadt. Es sind auch wesentlich mehr, als ich noch vor ein paar Jahren im Urlaub in Istanbul gesehen habe. Jetzt liegt Bochum eindeutig westlicher als Istanbul, und die Kopftücher machen mir deshalb Sorgen. Nicht die Frauen selbst, die stellen in aller Regel keine Gefahr oder Bedrohung dar. Bedenklich ist schon eher, dass nicht nur »normale« Kopftücher häufiger zu sehen sind, sondern mittlerweile auch Niqab, Burka und Co. auftauchen.

Im Nachtdienst hielt ich einen Pkw an, in dem vier komplett vermummte Frauen in ihren schwarzen Niqabs saßen. Man konnte nur ihre Augen sehen. Sie hörten eine CD in ihrer Sprache, es klang wie ein Vorbeter oder ein Lehrer. Die ganze Situation war sehr eigenartig und auch ein bisschen befremdlich, wie sich hinter der Fensterscheibe plötzlich eine Art orientalische Kapsel auftat, die so gar nichts mit ihrer Außenwelt zu tun hatte.

Ich kontrollierte lediglich die Fahrerin, weil ich Scheu hatte, weiter in diese Welt einzudringen. Zum einen aus Respekt, weil ich nicht wusste, ob ich die vermummten Mitfahrerinnen (ich glaube zumindest, dass es Frauen waren) nicht irgendwie bloßstellen würde. Zum anderen zur Vermeidung einer Konfrontation. Denn ich hatte bis dahin noch keinerlei Erfahrung mit einer ähnlichen Situation gemacht und konnte schwer einschätzen, wie kooperativ die Frauen sein würden oder ob es möglicherweise Widerstände geben würde. Wenn man lediglich die Augen sehen und den Rest nur erahnen kann, ist das umso schwieriger. Allein deshalb sollten Burkas und Niqabs nicht erlaubt sein – schon gar nicht beim Autofahren, wo sie das Sichtfeld behindern oder zumindest einschränken.

Zwangsmaßnahmen wollte ich in dieser Situation natürlich vermeiden, weshalb ich auf die Ausweise der anderen Frauen verzichtete. Aber auch die Fahrerlaubnis der Fahrerin konnte ich eigentlich nicht kontrollieren. Denn sie zeigte mir zwar einen Führerschein mit Foto von einer Frau, die lediglich ein Kopftuch trug. Aber ob sie das selbst war, konnte ich so letztendlich nicht überprüfen. Was tun? Darauf bestehen, den Schleier zu lüften? Ich beendete in diesem Fall die Kontrolle, weil ich zur Wahrung der Verhältnismäßigkeit nicht weiter in diese Welt eintauchen wollte. Werden auch Niqabs immer mehr zum Normalfall, müssen wir meiner Meinung nach den Umgang anders handhaben und grundsätzlich auf das Abnehmen des Schleiers bestehen, um Kontrollen überhaupt durchführen zu können.

Kommen wir nahtlos zur Frage nach dem Kopftuch im öffentlichen Dienst. Im Dienst bei der Polizei sind religiöse Symbole verboten, Kopftücher genauso wie Kreuze, Kippas oder Ähnliches. Das finde ich auch richtig so. In öffentlichen Ämtern und staatlichen Einrichtungen haben sie nichts zu suchen. Was Beamte und Bedienstete nach Feierabend in ihrer Freizeit tun, ob sie den Gebetsteppich ausrollen oder Rosenkränze runterbeten, Gebetsriemen oder Burkas anlegen, ist mir absolut egal – solange sie sich legal verhalten. Beamte repräsentieren den Staat. Sie sollen neutral sein. Und ein Kopftuch würde die Neutralität aufheben.

Wenn es um islamische Kleidungsvorschriften für Frauen geht, kommen wir um ein letztes Beispiel, in dem sich sowohl das Frauenbild sowie die daraus entstehenden Integrationsprobleme ausdrücken, nicht herum. Junge Mädchen vom Schwimmunterricht auszuschließen, weil sie dabei zu viel Haut zeigen würden, gehört mittlerweile zu einem bekannten Phänomen. Ich finde in diesem Fall jegliche Form von Rücksichtnahme auf »kulturelle« Aspekte absolut inakzeptabel.

Mädchen und Frauen den Schwimmunterricht zu verbieten oder sie in Stoffsäcke verpacken zu wollen ist nicht nur absurd, sondern einfach nur ein weiterer Ausdruck von Frauenverachtung. Wenn es nach mir ginge, würde ich Schwimmpflicht und Burkini-Verbot einführen und Verstöße mit Geldstrafen ahnden.

Erziehungsmaßnahmen und Frauenbilder enden leider nicht am Beckenrand. Nicht nur im Schwimmbad, sondern überall da draußen in der freien Welt lauert die Gefahr: Die armen Kerle werden ständig durch die bloße Anwesenheit einer Frau in ihren männlichen Trieben bis zur Ekstase gereizt, weshalb es selbstverständlich Aufgabe der Frauen ist, sich zu verhüllen, ihr Haar nicht offen zu zeigen (außer ihrem Mann), den Blick zu senken, um Chaos und Unzucht zu vermeiden. Eine Logik wie aus der Steinzeit.

Aus diesem Rollenverständnis können schlimme Folgen entstehen. Denn die weiter oben erwähnte junge türkische Frau, die Opfer häuslicher Gewalt wurde, ist kein Einzelfall. Gerade Migrantinnen leiden überdurchschnittlich oft unter Gewalt, wie Erhebungen und auch Einrichtungen für die Opfer bestätigen. Die Ehre wird eben im Zweifel bis zum Ehrenmord verteidigt.

Natürlich kommt es nicht in jedem Haushalt so weit. Aber wir müssen selbst die kleinsten Anzeichen ernst nehmen. Von Verboten, Freunde zu treffen oder überhaupt welche zu haben, und Freiheitsberaubung sind vor allem Mädchen betroffen, während die Jungs sich so gut wie alles herausnehmen dürfen. Um die Jungfräulichkeit der Töchter zu schützen, sind fast alle Mittel erlaubt.

Ehen werden, wie bereits erwähnt, nicht als persönliche Entscheidung, sondern als Familienangelegenheit betrachtet. Arrangierte Ehen gehören von daher bis heute zum Alltag im islamischen Kulturkreis. Manchmal können die jungen Frauen sich gegen vorgeschlagene Kandidaten wehren und ihr Veto einlegen. Dürfen sie das nicht, spricht man von Zwangsehen. In besonders archaisch denkenden Kreisen stellt auch Polygamie kein Problem dar, das will man sich im 21. Jahrhundert eigentlich gar nicht mehr vorstellen.

Und mit der Eheschließung endet die Gefahr der Gewalt leider Gottes nicht. Denn der Rolle der Tochter, die gehorsam sein muss, schließt sich die Rolle der Ehefrau, die gehorsam sein muss, nahtlos an. Zu ihren Pflichten gehört es auch, die sexuellen Wünsche des Mannes zu erfüllen. Eine eigene Sexualität wird der Frau nicht zugesprochen. Das kann im schlimmsten Fall Vergewaltigungen in der Ehe zur Folge haben. Doch selbst wenn die ganze Familie davon weiß, ja sogar Nachbarn, es wird dichtgehalten. Denn was wäre die Alternative? Scheidungen werden als verabscheuungswürdig empfunden. Die gilt es wiederum mit allen Mitteln zu vermeiden. Es kann eine einzige Hölle entstehen.

Eine Vergewaltigung in der Ehe ist keine Privatangelegenheit - auch wenn es irgendeiner »Kultur« entspricht, wenn man das irgendwo so macht, weil es schon immer so gemacht wurde und weil irgendjemand ein »Recht« darauf zu haben glaubt. Das ist ein Verbrechen. Auch Freiheitsberaubung und jede andere Form von Unterdrückung sind öffentlich zu machen und zu bekämpfen. Nur leider sind sie oft sehr schwer nachweisbar.

Selbst in einem Begriff wie »Ehrenmord« taucht die dahinterliegende Gedankenwelt auf - und verschleiert fast, dass es sich auch hierbei um ein Verbrechen handelt. Emanzipation bleibt für viel zu viele Frauen aus diesem Kulturkreis bis heute ein Fremdwort.

Zum Glück hat sich schon einiges bewegt, trotz aller Widerstände. Auch ich habe etliche Freundinnen, die sich mehr Freiheiten erkämpft haben, als noch ihren Müttern zustanden. Ich denke, dass der Kontakt zu nichtmuslimischen Mitbürgern ganz entscheidend für diese Entwicklung war. Ohne eine Aufklärung über ihre Rechte und das Angebot von Unterstützung bei Problemen, also ohne fremde Hilfe von außen, geht hier nichts. Elementar sind natürlich Sprachkenntnisse, um überhaupt fremde Hilfe in Anspruch nehmen zu können. Aber man muss auch wissen, dass es solche Hilfe überhaupt gibt, dass man nicht völlig alleine ist. Diese Aufklärungsarbeit sollte in den Schulen stattfinden. Und zwar nicht nebenbei. Warum nicht ein eigenes Schulfach »Menschenrechte«? Nach meinen Erfahrungen könnte damit nicht früh genug angefangen werden.

Den Friedensnobelpreis 2014 an Malala Yousafzai zu vergeben war ein wichtiges Zeichen für mehr Rechte für Frauen, für Gleichberechtigung, für Widerstand gegen das Patriarchat. Doch es wird sich nichts wirklich verändern, wenn wir nach dem Applaus für die mutige junge Frau nicht bei uns selbst, in den westlichen Gesellschaften anfangen. Das Problem liegt nicht nur in der Dritten Welt, wir haben es auch hier bei uns.

Ohne echte Gleichberechtigung der Frauen kann ich mir nicht vorstellen, wie die Integration von Migranten gelingen soll. Da sehe ich nicht nur eine Schieflage oder ein bisschen Nachholbedarf, sondern einen grundlegenden Widerspruch.

Wenn mit Einsicht und Verständnis nicht zu rechnen ist, müssen auch hier unmissverständliche Zeichen gegen frauenverachtende Verhaltensweisen gesetzt werden: von Zwangsehen, die knallhart als Straftat betrachtet und verurteilt werden müssen, bis hin zu den Respektlosigkeiten gegenüber Frauen im öffentlichen Dienst, die als Ordnungswidrigkeit und bei Intensivtätern mit härteren Sanktionen belegt werden sollten.

OSTEUROPÄER – TEILWEISE NUR SCHWER INTEGRIERBAR

Ich habe auf das Thema Vorurteile bereits hingewiesen, möchte an dieser Stelle aber noch etwas ergänzen. Wir alle tappen manchmal in die Falle, dass wir die Mehrheit einer

Bevölkerung eher positiv besetzen, Minderheiten dagegen eher negativ. Die Deutschen sind pünktlich, fleißig und produktiv, die Griechen können nicht mit Geld umgehen und liegen lieber in Sonne, sind etwa typische Klischees aus der Perspektive der deutschen Mehrheitsbevölkerung. Ich möchte wahrlich nicht davon ablenken, dass es mehr als genug Straftäter und Gesetzesbrecher ohne Migrationshintergrund in Deutschland gibt. Und ich möchte noch einmal wiederholen, dass wir nicht den Fehler machen dürfen, Menschen zu denunzieren, nur weil sie einer bestimmten Bevölkerungsgruppe angehören. Von rassistischen, menschen- oder ausländerfeindlichen Abwertungen ganz zu schweigen. Von solchen Bemerkungen fühle ich mich persönlich betroffen, denn meine Familie besteht nicht nur aus Griechen, sondern auch aus Bulgaren, die zum Teil in Bulgarien, zum Teil in Deutschland leben. Und gerade über angeblich »arbeitsscheue« und »klauende« Bulgaren geistern ja hierzulande genügend Klischees durch die Köpfe ... Doch ändert meine grundsätzliche Sympathie für diese Menschen nichts daran, dass real existierende Probleme offen und ehrlich benannt werden müssen. Nur so kann Integration in Zukunft besser gelingen. Begeben wir uns also auf das nächste dünne Eis: Migranten aus Osteuropa.Wie bei rückwärtsgewandten Muslimen mache ich auch hier immer wieder die Erfahrung, dass traditionelles Gedankengut auf die Lebensrealitäten in einer modernen westlichen Zivilisation prallt. Dass es dabei zu Konflikten kommt, ist unvermeidbar. Das ist immer auch ein Teil von Migration. Einiges davon lässt sich schnell erklären. Wirtschaftliche Notlagen und politische Instabilität auf der einen Seite und der wohlhabende Westen auf der anderen, der ein schlichtes Versprechen ausstrahlt: ein besseres Leben, eine Perspektive. Mehr braucht es meist nicht.

Durch die Eingliederung in die Europäische Union und die damit verbundene gewachsene Nähe zu Mitteleuropa haben sich nicht nur neue Möglichkeiten ergeben. Es kommt auch zu neuen Problemen. Das war bei jeder »Osterweiterung« der EU so und ist bei jedem neuen Mitgliedsland zu beobachten. Vor allem seit die Grenzen zu Bulgarien und Rumänien – den beiden »Armenhäusern« Europas – geöffnet wurden, haben sich einige Missstände in deutschen Städten zugespitzt, da gibt es nichts schönzureden.

Dabei lassen sich verschiedene Hauptproblemgruppen unterschiedlichster Herkunft ausmachen. Sie eint im Alltag wenig, manchmal kommt es zu keinerlei Überschneidungen. Während es auch unter Sinti und Roma zahlreiche muslimisch geprägte Familien gibt, haben die meisten Osteuropäer weder in ihren Heimatländern noch als Migranten in Deutschland nennenswert viel Kontakt zu Muslimen. Wenn, dann nicht selten ähnlich konfliktreich, wie ich ihn beschrieben habe.

Viele Osteuropäer gliedern sich problemlos ein. Aber natürlich kommen auch »Sorgenkinder« zu uns, teilweise mit kriminellen Absichten. So heterogen die Gruppe der Osteuropäer in ihrer Gesamtheit auch ist, so fällt dennoch auf, dass ein paar Merkmale durch die Bank immer wieder auftauchen, wenn es zu massiven Integrationsproblemen und/oder Kriminalität kommt: schlechte deutsche Sprachkenntnisse, Bildungsschwäche, Alkoholmissbrauch.

Treten kriminelle Personen aus dem muslimischen Kulturkreis im Polizeialltag oft mit Raub- und Gewaltdelikten in Erscheinung, fallen Osteuropäer überwiegend durch Einbrüche, Trickdiebstähle und Betrug auf. Das ist meiner Erfahrung nach einer der größten Unterschiede, auch im Hinblick auf die Integrationsfähigkeit: Gewalt gegen andere Personen oder gegen Polizeibeamte kommt weniger häufig vor. Trotzdem gibt es viele Leidtragende, die nicht nur materiell geschädigt werden, sondern vor allem auch unter der Angst leiden, dass sich die Taten wiederholen könnten.

Seit dem Wegfall der Grenzkontrollen ist die Kriminalität durch international operierende Banden, die von Einbrüchen über Taschendiebstähle bis hin zu Überfällen alles Mögliche durchziehen, sprunghaft gestiegen. Der Zusammenhang ist unbestreitbar. Laut Polizeilicher Kriminalstatistik gibt es von Jahr zu Jahr mehr Wohnungseinbrüche. Von 2008 bis 2012 haben sie sich um 30 Prozent erhöht. Von einer Dunkelziffer, die nicht gemeldet wird, muss man zusätzlich ausgehen.

Mobile überörtliche Einbrecherbanden, die durchs ganze Bundesgebiet ziehen, sind leider mittlerweile bittere Realität und Normalität geworden. Sie haben meist keinen festen Wohnsitz im Inland. Somit kann ihnen nichts Ernsthaftes passieren. Sogar Personen, die einen festen Wohnsitz haben, erfahren von staatlicher Seite in der Praxis kaum Sanktionen. Ganz abgesehen davon, dass die Aufklärungsquote gering ist – denn in den meisten Fällen liegen keine Täterhinweise vor. Wenn wir als Polizisten einen Einsatz zu einem Wohnungseinbruch durchführen, sind die Täter meistens geflüchtet, noch bevor wir eingetroffen sind. In den seltenen Fällen, in denen sie von einem Zeugen gesehen wurden, werden sie auffallend oft als Osteuropäer oder »Zigeuner« beschrieben.

Ein kurzer Einschub: »Mobile ethnische Minderheit« oder »europäische Wanderarbeiter« klingt natürlich besser als »Zigeuner«. Probleme löst man aber nicht, indem man sie umetikettiert. Das ist eine krankhafte Mode in allen denkbaren Lebensbereichen geworden. Die Griechen wollen die »Troika« nicht länger im Land haben? Nennen wir sie doch »die Institutionen«, Problem gelöst! Unglaublich, dass sich die Menschen mit solchen Sprachspielchen für dumm verkaufen lassen. Oder es geschieht aus Angst oder übertriebener Rücksicht, damit ja niemand verletzt oder diskriminiert wird. So traut man sich kaum noch, Worte wie »Zigeunerschnitzel« oder »Negerküsse« in den Mund zu nehmen. Natürlich äußert sich Rassismus auch in Worten, und aus Worten werden Taten. Aber man sollte die Kirche wirklich im Dorf lassen.

Ob nun Gastarbeiter, Einwanderer, Migranten, Menschen mit Migrationshintergrund, Bürger mit Zuwanderungsgeschichte oder sonst wie – entscheidend ist der Umgang miteinander, der Respekt voreinander, weniger die Bezeichnung. Der Ton macht die Musik, heißt es doch so schön. Aber zurück zu Osteuropäern beziehungsweise den so beschriebenen Einbrechern.

Die Festnahme dieser Täter ist äußerst schwer. Zum einen, weil wir nicht ausreichend Polizei auf den Straßen haben. Zum anderen sind die Einbrecher Profis und bestens organisiert. Sie brauchen nur wenige Sekunden, um fast lautlos in ein Objekt einzudringen. Und genauso schnell, wie sie eingedrungen sind, können sie auch wieder von der

Bildfläche verschwinden. Denn Fluchtwege studieren sie äußerst genau und halten sie sich frei.

Oder sie verstecken sich in einem Hinterhof, einem Gebüsch oder einem Kleintransporter in Tatortnähe, in den man schnell einsteigen und von außen nicht hineinblicken kann. Dann sitzen sie es aus, bis die Polizisten die Fahndungsmaßnahmen eingestellt und das Gebiet verlassen haben. Und weiter geht's. Meist nicht in unmittelbarer Nähe, denn die Nachbarn werden durch den Einsatz aufmerksam, und das Risiko, entdeckt zu werden, ist nun größer. Zumindest für kurze Zeit.

Als Polizist muss man die wahrscheinlichste Fluchtrichtung auswählen und noch dazu unheimliches Glück haben, um Täter aufgreifen zu können. Doch selbst wenn man sie erwischt, heißt das noch lange nicht, dass das Problem nun gelöst wäre. Denn was passiert, wenn man Einbrecher erfolgreich festnehmen konnte? Nicht viel. Ein Beispiel verdeutlicht es ganz gut:

Ein aufmerksamer Zeuge meldete bei der Polizei Kfz-Aufbrüche. Die Täter beschrieb er so gut, dass sie bei Fahndungsmaßnahmen vorläufig festgenommen werden konnten. Es handelte sich um mehrere männliche und weibliche Osteuropäer, die wegen gleich gelagerter Delikte bereits bundesweit in Erscheinung getreten waren. Sie führten augenscheinlich Diebesbeute mit sich und mehrere Hundert Euro in einem Bündel, in kleinen und großen Scheinen gestückelt. Wenn man das liest, scheint es ein klarer Fall zu sein.

Der Sachverhalt wurde dem Staatsanwalt zur Entscheidung vorgetragen. Da die Täter weder über einen tatsächlichen Wohnsitz in Deutschland verfügten noch hier gemeldet waren, wurde in einem Fall wie diesem zur Sicherung des Strafverfahrens eine Sicherheitsleistung[5] von einigen Hundert Euro erhoben. Da die Täter aus der (vermutlichen) Tatbeute genügend Geld dabeihatten, konnten sie die Sicherheitsleistung mit Leichtigkeit erbringen. Der Rest des Geldes, das sie bei sich trugen, wurde ihnen auf Anordnung der Staatsanwaltschaft wieder ausgehändigt. Nach Abschluss der Maßnahmen wurden sie entlassen. Und was geschah einen Tag später? Der gleiche Zeuge meldete sich erneut bei der Polizei. Er hatte die Täter vom Vortag wiedererkannt, die gerade mit einem Wohnungseinbruch beschäftigt waren. Da sie den Zeugen bemerkten, konnten sie vor unserem Eintreffen flüchten.

Die Täter interessiert es aber auch nicht wirklich, ob sie festgenommen werden oder nicht. Die meisten kennen unser brüchiges Rechtssystem bestens. Und sie wissen, dass sie nach kurzer Verweildauer auf der Wache wieder entlassen werden. Egal, ob sie eine Sicherheitsleistung aufbringen können oder nicht. Es hält sie keiner auf. So wie bei folgendem Vorfall, den ich mit zwei polnischen Frauen erlebte, die in einem Supermarkt Zigaretten und Tabak im Wert von etwa 300 Euro entwendeten: Der Ladendetektiv hatte die Frauen auf frischer Tat ertappt und die Polizei gerufen. Es stellte sich auch hier heraus, dass die Frauen nicht in Deutschland wohnhaft waren, also nahmen wir sie für weitere Maßnahmen mit auf die Wache. Eine Sicher-

5 Um die Durchführung des Verfahrens zu gewährleisten, haben die Täter zur Abwendung der Festnahme bzw. der zu erwartenden Geldbuße eine finanzielle Sicherheit zu leisten.

heitsleistung wäre wie oben erwähnt fällig gewesen, nur hatten die beiden tatsächlich keinerlei Bargeld bei sich. Normalerweise würden die Verdächtigen jetzt in U-Haft genommen, aber mit Hinweis auf die Verhältnismäßigkeit ordnete der Staatsanwalt sie im vorliegenden Fall nicht an. Die Frauen wurden also entlassen.

Solche Geschichten erleben wir auf der Wache immer wieder. Ich möchte Ihnen ungern Ihr Vertrauen in unser Rechtssystem nehmen. Aber genauso wenig möchte ich Sie im Glauben lassen oder Sie gar belügen, dass alles bestens sei. Denn das ist es nicht. Das ist leider die bittere Wahrheit.

Was also bleibt dem Bürger übrig, wenn er sein Hab und Gut von staatlicher Seite nicht beschützt sieht? Er muss sich selbst schützen. Das ist der einzige Rat, den ich Ihnen geben kann. Schützen Sie, so gut es geht, Ihr Haus oder Ihre Wohnung. Die Täter sind Profis und öffnen normale Fenster und Türen in wenigen Sekunden. Verstärken Sie Ihre Fenster und Türen, installieren Sie eine Alarmanlage, bringen Sie Bewegungsmelder an und schaffen Sie sich einen Hund an, wenn es sich anbietet. All das kann Ihr Heim sicherer machen.

Hundertprozentig schützen kann es Sie jedoch nicht. Denn wenn jemand tatsächlich einbrechen will, schafft er es in aller Regel auch. Die Frage ist nur: Wie viel Zeit braucht er? Zeit ist ein entscheidender Faktor, denn je länger der Einbrecher benötigt, um in Haus oder Wohnung zu gelangen, desto höher ist natürlich das Risiko, erwischt zu werden. Einfache Mathematik. Nach zwei oder drei erfolglosen Minuten lassen Einbrecher oft schon von einem Objekt ab, das gilt es zu erreichen.

Je mehr Hindernisse den Tätern bereitet werden, desto eher geben sie auf und suchen sich ein neues Objekt. Sind sie erst einmal eingedrungen, wissen sie in aller Regel sehr genau, wo sie finden, was sie suchen. Und zwar alles. Wenn Sie Wertgegenstände wie teuren Schmuck, Festplatten mit wichtigen Daten, Sparbücher oder Ähnliches besitzen, sollten Sie erwägen, sich einen Safe anzuschaffen oder sich einen Banksafe zu mieten, um die Gegenstände sicher zu lagern. Aber es gab auch schon Einbrecher, die sich gegenüber Nachbarn als Umzugsunternehmen ausgaben und sich von diesen helfen ließen, einen Safe durchs Treppenhaus zu tragen. Die Konsequenz (wenngleich im wirklichen Leben natürlich unrealistisch) kann eigentlich fast nur lauten: Bewahren Sie nichts zu Hause auf, was Ihnen wichtig, wertvoll und unersetzbar ist. Die Zahl der Wohnungseinbrüche wird aller Voraussicht nach weiter steigen. Und damit auch die Wahrscheinlichkeit, dass Sie das nächste Opfer werden.

Schon heute schlagen Einbrecher in Deutschland alle drei Minuten zu. Da die Sicherheitskräfte überfordert sind und von der Politik im Stich gelassen werden, Stichwort Stellenabbau, wird mittlerweile nicht nur in teure Sicherheitstechnik, Überwachungskameras und Alarmanlagen investiert, auch das private Sicherheitsgewerbe boomt. Und immer mehr Bürgerwehren werden gebildet, gerade in ländlichen Gegenden. Grundsätzlich ist gegen Bürgerwehren nichts einzuwenden, solange sie sich an die Gesetze halten und bei Täterkontakt nicht zu Selbstjustiz und eigenmächtiger Bestrafung greifen, sondern die Polizei hinzurufen. Und in ländlichen Gegenden beauftragen auch zunehmend klamme Gemeinden private Sicherheitsfirmen, nachdem in den letzten Jahren immer mehr Stellen bei der Polizei eingespart wurden, um Haushaltslöcher zu stopfen.

Weitere beliebte Straftaten bei Osteuropäern sind Trickdiebstahl oder Betrug. Dabei gibt es typische Maschen, die erfolgreich praktiziert werden. Zum Beispiel der Klemmbretttrick ist sehr beliebt. Dabei sprechen ein oder zwei Personen einen ahnungslosen Passanten an. Sie geben vor, sich für irgendeine wohltätige Angelegenheit wie Flüchtlingshilfe, Tierschutz, Bekämpfung von Kinderarmut oder Ähnliches einzusetzen, und bitten den Bürger um Unterstützung mit einer Unterschrift. Dabei halten sie ihm ein Klemmbrett mit einem Informationsblatt zu dem entsprechenden Thema vor die Nase. So, wie es auch seriöse Hilfsorganisationen bei ihren Aktionen tun. Während der Passant sich nun das Blatt mit den schlimmen Bildern von Toten und Verletzten oder hungernden Kindern ansieht und den Text überfliegt, ist er so abgelenkt, dass er nicht merkt, wie im selben Augenblick seine Geldbörse geklaut wird. Manchmal wird auch direkt um eine Spende gebeten. Auch hier bekommt er fast nie mit, wie dabei Geld aus seinem Portemonnaie entwendet wird.

Diesen Klemmbretttrick kann man beliebig mit Flyern, Bildern oder sonstigen »Infomaterialien« durchziehen. Die Täter treten überwiegend in Gruppen auf, in der jeder eine Aufgabe hat. Der eine beobachtet, der andere lenkt ab, und wiederum andere agieren. Hat man erfolgreich Beute gemacht, wird diese sofort weitergereicht, sodass die Polizei beim Aufgreifen der Täter natürlich keine Beute mehr findet.

Das Gleiche passiert beim Geldwechseln, auch mit Münzen für den Einkaufswagen, beim Verkauf von Rosen und insbesondere mit aggressivem Betteln. Seien Sie auf der Hut! Ich möchte Sie nicht abschrecken, sondern sensibilisieren. Auch wenn ich weiß, dass ich bei manchem Leser sicher auch Ersteres tue.

Sie sollten generell nicht viel Bargeld mit sich führen und wichtige Dokumente wie Personalausweis, Führerschein, Kreditkarten und so weiter möglichst separat aufbewahren, damit es bei einem Diebstahl der Geldbörse nicht zum Totalschaden kommt. Der Verlust des Geldes ist ärgerlich. Aber der Diebstahl wichtiger Dokumente oder zum Beispiel Schlüssel kann schwerwiegendere Folgen haben.

Wurde zum Beispiel Ihre Handtasche mit Personalausweis samt Wohnungs-, Auto- und Firmenschlüssel entwendet, wissen die Täter nun, wo Sie wohnen, und können sich mit den Schlüsseln Zugang zur Wohnung oder zum Auto verschaffen. Die Kosten und der Zeitaufwand zu Austausch und Neubeschaffung mehrerer Schlüssel und Schlösser können schon wehtun, aber noch schmerzhafter wird es, wenn eingebrochen wird.

Es sind überwiegend, aber nicht ausschließlich osteuropäische Männer, die die beschriebenen Taten durchführen. Es gibt auch typisch weibliche Varianten. Bei einem besonderen Trick des Ladendiebstahls machen sich die Frauen ihre traditionellen langen Röcke zunutze. Diese bringen nämlich einen »praktischen« Vorteil mit sich. In die Röcke lassen sich mehrere Lagen einnähen, ohne dass diese äußerlich sichtbar wären. Perfekt, um Diebesbeute darunter zu verstecken. Nicht selten wurden so zum Beispiel schon Zigarettenstangen für mehrere Hundert Euro problemlos aus einem Geschäft entwendet. Und draußen warteten die Männer im Fluchtfahrzeug.

Eine weitere Betrugsmasche klingt ebenfalls wie aus einem Ganovenfilm aus den Sechzigerjahren, ist aber immer noch aktuell.

Ich hatte bereits mehrere Einsätze, bei welchen auf einem Seitenstreifen oder Parkplatz der Autobahn Ware angeboten wurde. In der Regel handelt es sich dabei um billigen Schmuck, der auf den ersten Blick hochwertig zu sein scheint. Dass die Betrüger damit Erfolg haben, kann ich ehrlich gesagt nicht nachvollziehen. Wie naiv muss man sein, sich in der heutigen Zeit auf solche Geschäfte einzulassen und ernsthaft zu glauben, man hätte ein absolutes Schnäppchen an Land gezogen?

Doch glücklicherweise rufen auch einige Bürger die Polizei, wenn ihnen etwas komisch vorkommt, so war es auch diesmal. Bei meinem Eintreffen stritten die Täter, die schon bundesweit wegen Betrugsdelikten in Erscheinung getreten waren, wie immer alles ab. Bei der Durchsuchung der Personen und des Fahrzeugs hatte ich – wie so oft – keinen Erfolg und konnte den besagten Schmuck nicht auffinden. Der Zeuge versicherte mir jedoch, dass er sie ständig beobachtet habe und der Schmuck noch da sein müsse.

Mir schwante bereits, was das bedeuten könnte. Es gibt da nämlich noch einen Ort, an dem der Schmuck in solchen Fällen gerne versteckt wird. Im Auto haben die Täter genug Zeit, ungesehen das ungewöhnliche Versteck zu nutzen, nämlich in den Geschlechtsteilen der Frauen beziehungsweise in den Analöffnungen beider Geschlechter.

Hört sich an wie ein schlechter Scherz, ist aber Realität. Und wegen der Geringfügigkeit der Straftat wird aufgrund der Verhältnismäßigkeit keine körperliche beziehungsweise gynäkologische Untersuchung angeordnet. Somit verläuft das Ganze wieder im Sande.

Und osteuropäische Frauen haben sich im Umgang mit der Polizei, insbesondere mit männlichen Polizeibeamten, noch etwas ganz Spezielles einfallen lassen. Wenn sie aus irgendeinem Einsatzanlass im Streifenwagen ungefesselt transportiert werden, auf der Wache sind oder die Toilette benutzen, fassen sie an beziehungsweise in ihre Vagina, um das Sekret an ihre Finger zu bekommen. Die wiederum wischen sie dann an einem Kollegen ab, und zwar so blitzartig und ohne jeden Zusammenhang, dass dieser erst mal gar nicht bemerken kann, worum es der Frau dabei geht.

Oft kommt es dazu, wenn bei der Durchsuchung der Frau keine gefährlichen Gegenstände gefunden wurden, sodass im Schreibraum in ihrem Beisein der Schriftkram erledigt werden kann. So geht man erst mal von keiner Gefahr aus, wenn die Frau sich einem nähert. Vielleicht möchte sie ja etwas fragen. Man kann sich vor dem Anfassen kaum schützen, denn man wendet keine Gewalt gegen eine Person an, die keine gefährlichen Gegenstände mit sich führt und sich friedlich verhält. Sie kann eventuell wieder auf ihren Stuhl gedrückt werden. Aber da ist es schon längst zum Kontakt gekommen.

Wie es weitergeht, kann man sich jetzt fast schon denken: Sie behauptet nun, dass der Polizist sie sexuell belästigt habe. Tut sie das überzeugend und war der Kollege alleine mit ihr im Raum ohne weitere Zeugen, bleibt den Kollegen von der Kripo nichts anderes übrig, als zu ermitteln. Und wenn dann Sekretspuren von der Frau an dem Kollegen gefunden werden, Prost Mahlzeit. Mittlerweile ist das Problem in Polizeikreisen bekannt, und man hat es bei Einsätzen mit solchen Frauen im Hinterkopf. Ich finde es immer wieder unglaublich, wozu manche Menschen fähig sind, auch wenn eine dicke Akte schließlich nicht von alleine entstehen kann.

Auch technisch sind osteuropäische Banden auf dem neuesten Stand und der Polizei weit voraus. Die Manipulation von Geldautomaten ist bekannt. Doch bis vor Kurzem noch unbekannt war eine bestimmte Vorgehensweise, die es den Tätern ermöglichte, an Kontodaten zu kommen. Auf die Schliche kam man ihnen erst, nachdem in einem Geschäft eingebrochen, aber merkwürdigerweise nichts entwendet worden war, obwohl der Einbruch erst spät entdeckt wurde. Waren die Täter vielleicht von Dritten gestört worden und konnten deshalb keine Beute machen?

Nein. Sie hatten gar nicht vor, Beute zu machen. Sinn und Zweck dieses Einbruchs war lediglich ein Austausch. Und zwar eines EC-Cash-Kartenlesegeräts, das eine Bezahlung mittels EC-Karte oder Kreditkarte ermöglichte. Mit ihrem manipulierten Gerät konnten sie nun in den Folgetagen an die Daten der Kunden gelangen und unzählige Konten plündern. So entstand ein enormer Vermögensschaden. Und leider war nicht nur ein Geschäft betroffen.

Ältere Menschen sind bei den Tätern besonders beliebte Opfer. Sie können sich oft nicht ausreichend wehren, sei es altersbedingt aufgrund von körperlichen oder geistigen Gebrechen oder weil sie oft arglos, gutgläubig und bis hin zur Leichtfertigkeit vertrauensvoll sind.

Dabei gibt es mehrere Möglichkeiten, wie Täter vorgehen. Manche verschaffen sich durch einen Vorwand Zugang zur Wohnung, um diese im Beisein des überforderten Opfers nach Diebesbeute zu durchsuchen. Dabei hilft zum Beispiel eine Variante des Teppichtricks, bei dem ein oder zwei Personen an der Haustür einen günstigen Teppich anbieten (oder »verschenken«, wenn man einen zweiten kauft). Um zu sehen, ob sich der Teppich gut machen würde, wird vorgeschlagen, das gute Stück gleich mal probehalber in der Wohnung auszurollen.

Manche Täter geben sich auch als Handwerker oder Techniker aus, die irgendwelche Leitungen überprüfen müssten, weil es angeblich zu Störungen kam.

Oder es wird der sogenannte Enkeltrick angewandt. Bei diesem wird in den meisten Fällen telefonisch Kontakt zum ausgesuchten Opfer aufgenommen und vorgegeben, dass man ein Enkel oder Verwandter sei und dringend Geld benötige. Das leichtgläubige Opfer möchte helfen und merkt selten, dass es sich um Betrüger und nicht um Angehörige handelt. Und damit der ganze Schwindel nicht auffliegt, kommt zur Geldübergabe eine unbekannte Person, weil der angebliche Angehörige vorgibt, verhindert zu sein. Die Dreistigkeit, die diese Menschen an den Tag legen, ist unfassbar. Sie würden sich wundern, wie oft dieser Enkeltrick funktioniert.

Leider wachsen die Kinder dieser Ganoven in einer Umgebung auf, in der Straftaten zum Alltag gehören und als normaler Lebensinhalt angesehen werden. Sie werden von klein auf regelrecht zu »Klaukindern« ausgebildet. Sie lernen zu lügen, zu betrügen und zu klauen.

Die Erwachsenen agieren im Hintergrund und schicken die Kinder zuerst alleine vor. Falls sie aufgegriffen werden, sind sie unter 14 Jahren nicht strafmündig. Geschnappt werden sie aber nur selten. Die meisten Bürger in Deutschland sehen diese Kinder nicht als Bedrohung an und ahnen nicht im Entferntesten, wozu sie in der Lage sind. Sie haben meist Mitleid mit ihnen und glauben, dass es doch nur unschuldige, hilfsbedürftige Kinder seien. In Wahrheit sind manche von ihnen schon sehr früh absolute Profis im Begehen von Straftaten.

Ich bin mit mehreren »Klaukindern« unterschiedlichen Alters im Einsatz konfrontiert worden und konnte hautnah erleben, dass ihr Verhalten, insbesondere gegenüber der Polizei, nicht kindlich, sondern von dem eines erwachsenen Intensivtäters nicht zu unterscheiden war. Und zwar in jeder Hinsicht: Gestik und Mimik, Blicke und Körperspannung. Auch in den Reaktionen, sobald sie mit ihren Taten konfrontiert wurden. Sprach man sie darauf an und fühlten sie sich ertappt, sah man in ihrem Gesicht förmlich, wie das Lügengerüst zusammenfiel und aus leidenden, wehmütigen, unschuldigen Blicken in Sekundenschnelle missachtende und wütende wurden. Man muss das gesehen haben, sonst würde man es nicht glauben.

Ein »Klaukind« im Alter von sieben oder acht Jahren kam am Nachmittag in eine leere Gaststätte und suchte nach seiner Mutter. Wie uns die ältere Gastwirtin später berichtete, artikulierte sich der Junge mit nur wenigen einzelnen Worten. Die Gastwirtin war besorgt, wollte ihm helfen und setzte ihn erst mal an den Tresen, um mit ihm zu reden. Der Junge wollte etwas trinken und legte einen großen Schein vor. Wie erwartet, musste die Wirtin ihre Geldbörse holen, um den Schein zu wechseln. In einem unbeobachteten Moment entwendete der Junge dann die Geldbörse und machte sich vom Acker. Die Wirtin wunderte sich, dass er so plötzlich gegangen war. Sie ging nach draußen. Aber der Junge war wie vom Erdboden verschluckt.

Da sie sich sein Verhalten nicht erklären konnte, ging sie wieder rein und bemerkte kurze Zeit später den Diebstahl. Da fiel es ihr wie Schuppen von den Augen. Die Frau verstand die Welt nicht mehr, sie hatte dem armen Jungen doch nur helfen wollen. Nie im Leben hätte sie gedacht, dass ein Kind zu so etwas in der Lage sein könnte. Ihr waren die Enttäuschung und das Leid anzusehen. Und das hauptsächlich wegen des Verhaltens des Kindes und nicht etwa wegen des Diebstahls.

Aber was wäre passiert, wenn die Polizei das Kind aufgegriffen hätte? Der Normalfall ist folgender: Wir bringen es zur Wache und fertigen die schriftlichen Arbeiten. Da die Kinder aber in der Regel die 14 Jahre nicht vollendet haben, entweder tatsächlich oder laut falschen Angaben, etwa in gefälschten Pässen, sind sie strafunmündig. Die Fertigung der Anzeige und weiterer Formulare ist reine Formalität und eigentlich für die Tonne. Die Kinder werden dann in Absprache mit dem Jugendamt in eine offene Jugendschutzstelle gebracht, in der sie keine fünf Minuten verbleiben. Das wissen wir als Polizisten, das wissen die dortigen Betreuer, und selbstverständlich wissen es auch die Kinder.

Kaum hat die Polizei die Jugendschutzstelle verlassen, warten die Kinder noch einen Moment, gehen auf Toilette oder essen schnell noch etwas. Und dann verschwinden sie. Die Betreuer haben nicht das Recht, die Kinder mit Gewalt festzuhalten. Eine Farce. Verschwendete Zeit und unnötiger Personalaufwand auf allen Seiten. Und letztendlich ist keinem geholfen.

Ich war bei den ersten Einsätzen mit diesen Kindern teilweise erschrocken, teilweise entsetzt. Auch hatte ich anfangs Mitleid mit ihnen. Doch das verflog schnell. Denn obwohl sie für ihr Schicksal nichts konnten, waren es trotz alledem Intensivtäter, die jede Gelegenheit nutzten, um Beute zu machen. Es ist schlimm und traurig zugleich, dass Kinder für solche Taten benutzt werden. Trotzdem müssen wir auch gegen sie und insbesondere gegen die Drahtzieher vorgehen.

Bei all diesen Problemen mit Migranten aus Osteuropa, die ich hier nur angerissen habe, fällt es schwerer als bei den straffälligen muslimischen Migranten, Rückschlüsse aufgrund der kulturellen Prägung zu ziehen. Eine Ausnahme stellt allenfalls die Gruppe der Sinti und Roma dar, zu der wir gleich noch kommen. Bei allen anderen sind sehr oft in erster Linie wirtschaftliche Gründe auszumachen, die in kriminellen Handlungen münden.

Hier ist einerseits die Politik gefordert. Wir brauchen ohne Zweifel Zuwanderung, wenn man sich unsere Geburtenrate anschaut. Gleichzeitig ist klar, dass nicht nur topqualifizierte Facharbeiter von den Möglichkeiten in Deutschland angelockt werden. Wenn man beispielsweise bedenkt, wie der Kosovo wirtschaftlich daniederliegt, ist es doch klar, dass es auch viele Armutsmigranten geben wird, die wesentlich schwerer zu integrieren sind, weil sie quasi ohne Aussicht auf legale Jobs, von denen man hier eine Familie ernähren kann, zu uns kommen. In den EU-Mitgliedsstaaten Bulgarien und Rumänien sieht es nicht wesentlich besser aus. Hier braucht es einen praktikablen gesetzlichen Rahmen, der gelingende Integration überhaupt erst ermöglicht. Aktuell scheinen diese Probleme in Kauf genommen zu werden, um »größere« politische Ideen weiter voranzutreiben. Das ist die eine Seite, die gefordert ist.

Andererseits müssen in der täglichen Praxis die bestehenden Gesetze auch durchgesetzt werden – hier dürfen weder Justiz noch Polizei nur zusehen, wie immer wieder dieselben Lücken von derselben (wachsenden) Klientel genutzt werden. Das verstärkt nur Vorurteile und Unmut in der Bevölkerung und löst die Probleme nicht. Dass der Polizei hier oftmals die Hände gebunden sind, habe ich beschrieben. Bei der Justiz sehe ich wesentlich mehr Luft, um den gesetzlichen Rahmen auszuschöpfen. Trotzdem sind natürlich beide gefordert. Denn auf die Politik kann man leider manchmal lange warten, wie die deutsche Integrations- und Migrationspolitik der letzten Jahrzehnte gezeigt hat.

SINTI UND ROMA – ÜBERALL UND NIRGENDS

Das ist ein besonders schwieriges Thema, nicht erst seit dem Beitritt Rumäniens und Bulgariens zur EU im Jahr 2007. Alle Roma unabhängig von ihrer regionalen Herkunft über einen Kamm zu scheren wird den einzelnen Menschen natürlich nicht gerecht. Sie bilden in allen ihren Heimatländern eine Minderheit, die sich jeweils auf unterschiedlichste Art und Weise angepasst hat. Einige Merkmale sind trotzdem immer wieder zu erkennen, und die möchte ich kurz als typisch zusammenfassen, sofern sie mir ursächlich erscheinen für die Probleme, die wir auch bei der Polizei immer wieder mit ihnen haben.

Die Großfamilie ist in der Kultur der Roma von zentraler Bedeutung – hier gibt es etliche Ähnlichkeiten zu arabischen Clans, und im kriminellen Milieu sind sie nicht selten Konkurrenten. Natürlich ist nicht jede Großfamilie kriminell. Aber fast alle Kriminellen dieser Bevölkerungsgruppe stammen aus Großfamilien und bauen ihre Macht auf ihren Strukturen auf. Es scheint, dass diese Sippen gerade deshalb besonders anfällig für Kriminalität sind, weil der familiäre Zusammenhalt von überragender Bedeutung ist. Selbst schwer kriminelle Mitglieder werden gedeckt.

Auch Friedensrichter findet man in der Kultur der Sinti und Roma, vor allem natürlich in den muslimischen Teilen. Die Tradition der außergerichtlichen Schlichtung in Familienangelegenheiten wird also auch von ihnen weitergeführt. Dass darunter weit mehr verstanden wird als bei uns und damit auch Sichtweisen übernommen und gepflegt werden, die gegen unser Gesetz verstoßen, dürfte nach der bisherigen Lektüre nur wenig verwunderlich sein.

Erweitert wird die Großfamilie bei den Roma über Familienverbände, die eine Handvoll bis zu Hunderten Großfamilien umfassen können, was die Strukturen von außen sehr unübersichtlich machen kann. Jede Großfamilie hat ein Oberhaupt, das über alle wichtigen Fragen entscheidet, alleine oder gemeinsam mit Oberhäuptern anderer Großfamilien. Es handelt sich dabei bis auf wenige Ausnahmen um Männer, wir haben es also auch hier mit überwiegend patriarchalischen Familienstrukturen zu tun. Jedenfalls bestimmen das Geschlecht und verwandtschaftliche Beziehungen die Position und Stellung einer Person wesentlich mehr als andere Merkmale. Und wesentlich mehr, als es bei uns in Deutschland noch üblich ist.

Familie ist alles, und dann kommt lange nichts - könnte man es stark vereinfacht auf den Punkt bringen. Und das hat natürlich Auswirkungen bis in den Alltag hinein: von der Organisation des täglichen Miteinanders über die Arbeit bis hin zum Umgang mit Konflikten. Das erklärt zum Teil schon viele der Missverständnisse, die zwischen den beiden Kulturen immer wieder entstehen: Was hier als Rücksichtslosigkeit, als verantwortungsloser Umgang oder fehlender Gemeinsinn wahrgenommen wird, kann die andere Seite oft nicht einmal im Ansatz verstehen.

Viele osteuropäische Roma tauchen gerne mit 20, 30 oder noch mehr Leuten vor Ort auf, wenn einer ihrer Angehörigen im Krankenhaus liegt. Hört sich nach großer familiärer Unterstützung und Anteilnahme an, die sich viele Menschen bei uns vielleicht sogar wünschen würden. Für das Krankenhauspersonal sowie alle anderen Patienten wird es meist zur Qual.

Die großen Gruppen fallen immer wieder durch ihre Lautstärke, Rücksichtslosigkeit und Unbelehrbarkeit negativ auf. Da in der Regel nicht so viele Leute in ein Patientenzimmer passen, hält sich der Rest in den Fluren oder anderen Räumlichkeiten des Krankenhauses auf. Diese Situation ist für das Personal und insbesondere für die anderen Patienten schwierig, denn die Patienten benötigen normalerweise Ruhe und keinen Stress. Doch genau den lösen die Großfamilien aus. Insbesondere wenn der Angehörige womöglich in Lebensgefahr schwebt, kommt es zu unvorstellbaren Szenen. Man schreit, ist aufgebracht, versucht, sich gegenseitig zu beruhigen. Es ist wie ein absurder Wettkampf darum, mehr »Anteilnahme« zu zeigen als die anderen. Dann kommt es häufig auch noch zu verbalen Auseinandersetzungen untereinander, die in Schlägereien enden können.

Mag sein, dass es in den jeweiligen Herkunftsländern normal ist, sich so in einem Krankenhaus zu benehmen. Jedenfalls fehlt jedes Verständnis dafür, dass dieses Verhalten weder angebracht noch akzeptabel ist. Das Krankenhauspersonal, das in etlichen Häusern auch so schon am Limit arbeitet, ist mit den zusätzlichen Baustellen oftmals überfordert. Egal, ob es diese Gruppen nun auffordert, Ruhe zu geben oder das Krankenhaus zu verlassen, es interessiert sie nicht im Geringsten. Sie lassen sich nichts sagen, ignorieren das Personal oder gehen es sogar an. Und dann kommt die Polizei ins Spiel, um das Hausrecht durchzusetzen. Häufig ist so ein Einsatz kaum mit zwei Streifenwagen zu bewerkstelligen.

Bis wir vor Ort sind, lässt sich die hochemotionale Gruppe von nichts mehr abschrecken. Die Familienmitglieder argumentieren, dass es doch ihr Angehöriger sei und sie das Recht hätten, ihn zu besuchen. Erläutert man ihnen, warum sie, bis auf eine Handvoll engster Angehöriger, das Krankenhaus verlassen müssen, geht das Geschrei erst richtig los. Es ist eine einzige Konfrontation, und die Lage steht regelmäßig kurz vor einer Eskalation.

Bei einem Einsatz konnten wir bis auf drei zugelassene Personen den Rest der Gruppe nach langem – beziehungsweise bei immer noch anhaltendem – Hin und Her nach draußen bringen. Ich sprach währenddessen mit einer erwachsenen Frau, um ihr die weitere Vorgehensweise zum wiederholten Male zu erläutern. Noch während des Gesprächs kam ein etwa achtjähriger Junge, der in einem Anzug steckte, und brüllte mich fast schon an, wo denn das Problem sei. Es war nicht nur die arrogante, selbstgefällige Art, mit der er uns unterbrach – so etwas kannte ich zu diesem Zeitpunkt bereits, denn den respektlosen Umgang mit der Polizei lernen auch hier bereits die Jüngsten. Es war auch die Reaktion der Frau, die Bände sprach. Sie schwieg und ließ sich von dem achtjährigen Anzugträger herumkommandieren. Der Kleine hatte eindeutig mehr zu sagen als sie.

Wenn ein Kind in diesem Alter bereits so mit der Polizei umgeht, können Sie sich ausmalen, wie er es als Jugendlicher oder Erwachsener tun wird. Meine Erfahrung zeigt auch, dass man bei solchen Kindern mit höflichen, ruhigen Antworten absolut nichts erreichen kann. Das sind sie von zu Hause ganz offensichtlich anders gewohnt. Ich stutzte den Kleinen deshalb direkt zurecht, verbal, versteht sich. Er sah mich böse an, überlegte seine weitere Vorgehensweise, gab dann doch klein bei und ging fluchend weg.

Leider ist dieses Verhalten bei vielen osteuropäischen und südländischen Jungen üblich. Auch wenn einige noch nicht straffällig geworden sind, sind sie auf dem besten Wege dorthin und werden es früher oder später. Die wenigsten bleiben sauber. Noch mal: Die Kinder können nichts dafür. Es ist eine Frage der Erziehung, und deshalb tragen die Eltern die alleinige Verantwortung dafür.

Besonders problematisch sind oft auch die Wohnsituationen, gerade bei Großfamilien. Wir haben immer wieder Einblick in sogenannte Sinti-und-Roma-Häuser, weil es in diesem Umfeld regelmäßig zu Straftaten kommt. Kein Vorurteil, sondern Fakt.

Es bleibt von außen schwer nachvollziehbar, wie es in diesen auch »Elendshäuser« genannten Gebäuden immer wieder zu so einem desaströsen Erscheinungsbild kommt. Teilweise sind sie massiv überbelegt, was die Situation natürlich nicht gerade verbessert, aber auch nicht gänzlich erklärt. Dass man sich in heruntergekommenen Wohnungen mit kaputten Türen und Fenstern wohlfühlen kann, ist genauso wenig zu verstehen wie die Müllberge, die sich immer wieder dort türmen. Als hätten die Bewohner nichts damit zu tun und als würde es sie nicht im Geringsten stören. Das kann nicht nur daran liegen, dass man sich aus finanziellen Gründen nichts Besseres leisten kann. Viele dieser Häuser werden regelrecht heruntergewohnt, ohne Rücksicht auf Verluste, und das atemberaubend schnell.

Auch Asylbewerberheime sind oft davon betroffen, manche werden regelrecht auseinandergenommen. Hier gibt es offensichtlich ein grundsätzlich anderes Verständnis vom Umgang mit Besitz und Eigentum - was leider auch viele Konflikte mit dem Gesetz erklärt.

Ein typischer Fall: Drei Roma, ein Vater mit seinen zwei Söhnen, einer davon ein Kind und der andere ein Jugendlicher, entwendeten Kupferkabel von einer Großbaustelle. Ganz dreist legten sie die Kabel in aller Öffentlichkeit in ihren Pkw und fuhren zu ihrem Haus, als wäre es das Selbstverständlichste auf der Welt. Kupferdiebstahl ist sehr beliebt. Die Täter suchen sich tagsüber ihre Beute aus, und abends oder nachts wandert sie in ihren Besitz.

So machten es auch die drei Roma, die sich noch bei Tageslicht auf der Großbaustelle ans Werk machten. Ein aufmerksamer Zeuge konnte uns glücklicherweise einen Hinweis geben, und so gelang es uns letztendlich, die Kabel in und außerhalb des Hauses der Familie zu finden. Wie sich herausstellte, hatten wir es mit Mehrfachtätern zu tun.

Der Umgang mit Roma-Familien stellt uns nicht zuletzt moralisch immer wieder vor große Herausforderungen. Das Volk teilt zweifellos ein schweres Schicksal, historisch wie aktuell. Das Klischee vom fahrenden Volk hat mit der Realität nichts zu tun, längst sind sie sesshaft. Doch überall, wo es sie hinverschlagen hat, sind sie eine Minderheit geblieben, die mit ihren kulturellen Eigenheiten aneckt. Von Verfolgung kann in Deutschland keine Rede mehr sein, im Gegenteil, hier wurde und wird versucht, vieles wiedergutzumachen und Integration zu ermöglichen. Dennoch gibt es immer wieder die beschriebenen Probleme.

Eine Hauptursache ist sicherlich auch, dass vonseiten der Roma oft nur wenig bis kein Interesse besteht, sich aktiv zu integrieren. Die Kinder bleiben in ihren Großfamilien unter sich, ein Austausch mit anderen wird auf ein Minimum begrenzt. Bildung besitzt in vielen Familien keinerlei Stellenwert – mit katastrophalen Folgen: Kindern wird nicht einmal vermittelt, dass es von Vorteil sein könnte, die Schule zu besuchen; Schulabschlüsse und jede Art von formaler Ausbildung sind beinahe bedeutungslos; entsprechend verheerend sind die Aussichten, auf dem Arbeitsmarkt Fuß zu fassen. Hier baut sich ein Teufelskreis auf, der nicht selten schon Kinder in die Kriminalität führt. Und leider besteht keine Aussicht auf Entkommen, solange jede Kooperationsbereitschaft verweigert wird.

Empfundene Benachteiligungen müssen ernst genommen werden. Das werden sie heute auch, sofern sie sich nicht als falsch entpuppen. Andererseits mache ich auch in meinem Berufsalltag immer wieder die Erfahrung, dass rationale Argumente zu nichts führen. Die »Erziehung« war so erfolgreich, dass wirklich alles unternommen wird, um das eigene Weltbild zu erhalten. Selbst wenn man im eigenen Leben vor einem Trümmerhaufen steht, reagiert man immer wieder mit Aggression, Lügen und Leugnen. Auch in diesen Fällen kommen wir im Sinne einer gelingenden Integration um konsequentes Handeln nicht länger herum.

Fast mehr noch als bei allen anderen Problemgruppen müssen wir bei straffälligen Roma versuchen, auf die Familien Einfluss zu nehmen. Die Schulpflicht ist konsequent durchzusetzen. Und wenn selbst nach Androhung und auch nach Durchsetzung von Sanktionen keinerlei Kooperationswille vonseiten der Eltern vorhanden ist, muss erwogen werden, ob die Kinder zu ihrem eigenen Schutz nicht besser von ihren Eltern getrennt werden. Wenn es sein muss, auch schnell. Das wäre eine harte Maßnahme, die jeder lieber vermeiden würde. Aber Kinderschutz muss in diesen Fällen absolute Priorität haben. Kulturelle Tradition darf nicht als Deckmantel für kriminelle Straftaten missbraucht werden.

Den Vorschlag von Kirsten Heisig, Einrichtungen zur Unterbringung gefährdeter Kinder und Jugendlicher einzuführen, halte ich in diesem Zusammenhang für absolut diskussionswürdig. Damit sind keine Heime oder Verwahrungsanstalten wie noch vor einigen Jahrzehnten gemeint, sondern Einrichtungen, in denen sich pädagogisch geschultes Fachpersonal intensiv um die Kinder kümmern soll. Zum einen, um versäumte Sozialfähigkeiten zu vermitteln, und zum anderen, um sie den »Verlockungen« der Straße zu entziehen.

SONDERFALL FLÜCHTLINGE

Mehr als 50 Millionen Menschen waren laut Amnesty International Anfang 2015 weltweit auf der Flucht – eine unvorstellbare Zahl. Eine Vielzahl neuer Konflikte veranlasst in den allermeisten Fällen unschuldige Zivilisten dazu, ihre Dörfer und Städte oder gleich ihr Land zu verlassen. Die große Mehrheit von ihnen findet Unterschlupf in benachbarten Ländern. Doch viele nehmen noch größere Strapazen auf sich, um nach Europa und nach Deutschland zu kommen.

Fragen der Integration sind bei Flüchtlingen noch komplexer als bei anderen Migranten. Keiner dieser Menschen weiß, wie lange er hier bleiben wird, viele würden natürlich am liebsten zurück in ihre Heimatländer, was je nach Ursache der Flucht oder Vertreibung auf absehbare Zeit aber nicht möglich ist.

Was die Situation zusätzlich schwierig macht, sind die rechtlichen Umstände hinsichtlich einer Arbeitsaufnahme. Nicht nur die Dauer des Aufenthalts ist ungeklärt, auch Arbeitsgenehmigungen werden nicht erteilt. Selbst wenn sie könnten und wollten, sie dürfen nicht arbeiten, solange ihr Aufenthalt nicht geklärt ist. Diese Ohnmacht verschärft für viele die Lage nur noch weiter.

Keine Frage, politischen Flüchtlingen, Opfern von Krieg und Terror, religiös Verfolgten muss geholfen werden. Gleichzeitig muss man aber auch die entstehenden Probleme sehen und die unschönen Seiten erwähnen, etwa wenn Flüchtlinge Straftaten wie Ladendiebstahl verüben oder Flüchtlingsheime innerhalb kurzer Zeit regelrecht kaputtgewohnt werden. Kabel werden herausgerissen oder ausgebaut, sanitäre Anlagen verdreckt, ganze Wohnblöcke unbewohnbar gemacht. Und auch Körperverletzungsdelikte sind leider keine Seltenheit, was jedoch aufgrund der beengten Wohnverhältnisse, in welchen die unterschiedlichsten Nationalitäten hausen, abzusehen ist.

Zwar gibt es in meinem Bezirk keine Flüchtlingsunterkunft, sehr wohl aber im Nachbarbezirk. Dass wir die Kollegen dort unterstützen müssen, kommt recht oft vor. Und wir wissen, wenn wir dort einen Einsatz haben, ist in der Regel schon Blut geflossen, und mit schwer verletzten Menschen ist zu rechnen. Häufig stellen wir Waffen oder andere gefährliche Gegenstände - wie zum Beispiel Messer, Holzlatten usw. - sicher. Die Täter besitzen oft ein hohes Aggressionspotenzial, erst recht, wenn Alkohol im Spiel ist. So, wie bei einem Einsatz vor einem Jahr:

In der Nacht war es vor den Häusern und Containern der Flüchtlingsunterkunft zu einer Schlägerei unter den dort untergebrachten Algeriern gekommen. Mehrere Streifenwagen wurden zur Unterstützung angefordert. Als ich am Einsatzort eintraf, waren die Kollegen gerade dabei, die aufgebrachten Menschen zu beruhigen, die Verletzten zu versorgen und die Täter festzustellen. Eine Frau war ganz aufgelöst, schrie, soweit man sie verstehen konnte, dass jemand umgebracht worden sei. Wie sich herausstellte, hatten sich mehrere, offenbar stark betrunkene Personen gestritten und in der Hitze des Gefechts angefangen, mit diversen Gegenständen aufeinander einzuschlagen. Worum es eigentlich ging, konnten wir nicht herausfinden. Immerhin wurde einer der Algerier so schwer verletzt, dass er nicht mehr ansprechbar war und ins Krankenhaus transportiert werden musste. Zum damaligen Zeitpunkt konnte nicht ausgeschlossen werden, dass er dort seinen schweren Kopfverletzungen erliegen würde. Während wir weitere Maßnahmen trafen, spuckten etliche Algerier ununterbrochen auf den Boden, schimpften genervt auf die

»fucking police« und hatten ganz offensichtlich den Ernst der Lage nicht verstanden. Schließlich ging es um nichts weniger als ein versuchtes Tötungsdelikt. Als ich einen der gefesselten Männer zur Ordnung rief, fing er - halb auf Englisch, halb auf Deutsch - an, mich zu provozieren: Was ich denn von ihm wolle, was eine »bitch« wie ich ihm überhaupt zu sagen hätte? Das Ziel seiner Aggression waren jetzt nicht mehr die anderen Heimbewohner, sondern ich. Breitbeinig baute er sich vor mir auf, doch ich hielt seinen wütend-aggressiven Blicken stand. Die Situation entspannte sich erst, als ein Kollege den aufgebrachten Mann vom Streifenwagen wegschob und so unwillkürlich von mir ablenkte.

Und wenn Sie jetzt sagen: Ist ja nichts passiert, reg dich nicht so auf, haben Sie zwar recht. Aber das ist nur die eine Seite der Wahrheit: Die andere heißt, dass - wie so oft in den Geschichten, die ich hier erzähle - einmal mehr die Grenzen des Respekts überschritten, polizeiliche Autorität untergraben und meine Würde als Frau verletzt wurden. Dass solch ein Verhalten nicht nur bei Polizisten, sondern auch bei den Bürgern Unmut weckt, kann kaum verwundern.

Fast am schlimmsten: Solche Verhaltensweisen sind natürlich Wasser auf die Mühlen von Vereinigungen wie Pegida und anderen Bewegungen im rechten Spektrum, die Ressentiments gegen alle möglichen Ausländer schüren. Die Zahl der Übergriffe auf Asylbewerber beziehungsweise ihre Unterkünfte hat sich 2014 verdreifacht. Von volksverhetzenden Parolen und Schmierereien bis zu Brand- und Sprengstoffanschlägen auf Gebäude und tätlichen Angriffen auf die Bewohner war alles vertreten. Auch wenn die

Gesamtzahl der Taten mit 150 gering erscheinen mag, ist sie dennoch alarmierend.

Angesichts von rund 300 000 bis 500 000 Asylbewerbern, die für 2015 in Deutschland erwartet werden, ist die Brisanz des Themas mehr als offensichtlich. Selbst wenn es nicht direkt mit meinem Anliegen in diesem Buch zu tun hat - es führt einfach zu weit weg von den beanstandeten Problemen -, sollte man diesen Aspekt unbedingt im Hinterkopf behalten. Indirekte Auswirkungen auf die Integrationsdebatte gibt es zweifellos.

POLIZEI – AM LIMIT

An dieser Stelle möchte ich den Blick auf meinen Dienstherrn, meine Kollegen und meinen Beruf richten und versuchen, die aktuelle Situation so zu beschreiben, wie sie sich für mich als Streifenpolizistin im Ruhrgebiet darstellt.

Es geht mir hier auch um ein besseres Verständnis für die Polizei, weil ich festgestellt habe, dass viele Bürger überhaupt nicht (mehr) wissen, was unsere Funktion und Aufgabe ist. Das Bild der Polizei in der Öffentlichkeit ist schwer zu fassen, uns begegnet die ganze Bandbreite: von immer noch hohem Ansehen bis zu unverhohlener Verachtung. Insgesamt lässt sich aber feststellen, dass ihr Image in weiten Teilen der Öffentlichkeit in den vergangenen Jahren spürbar gelitten hat. Das fällt nicht nur mir nach etwas über zehn Dienstjahren auf, auch ältere Kollegen bestätigen das durch die Bank. In Erhebungen wird jedoch immer wieder festgestellt, dass Polizisten zu den Berufsgruppen mit dem höchsten Ansehen gehören und ein hohes Maß an Vertrauen genießen. Bleibt die Frage, warum zwischen Fremd- und Eigenwahrnehmung eine derart große Lücke klafft.

Das verloren gegangene Image hängt natürlich nicht nur mit Fernsehkrimis, Vorabendserien oder Bestsellerlisten voller Thriller und Krimis zusammen, auch wenn dadurch ein schräges Bild vermittelt wird. Wenn ich hier ein paar Dinge klarstellen und geraderücken kann, damit es nicht bei einem allzu schrägen Bild bleibt, wäre ich schon zufrieden. Denn es ist schwer geworden, unseren Alltag an Dritte zu vermitteln. Wenn ich mit Freunden und Bekannten über die Erlebnisse bei meiner Arbeit rede, stelle ich immer wieder fest, wie weit sie von der Realität auf der Straße entfernt sind. Viele reagieren betroffen, schockiert oder empört und fordern mich und meine Kollegen auf, die Wirklichkeit noch viel offener und ehrlicher zu formulieren, damit die Menschen davon erfahren. Aber so richtig wahrhaben wollen sie das alles dann doch nicht – und verdrängen es schnell wieder.

Ein Beispiel, das es ganz gut veranschaulicht:

Im Frühjahr 2014 wurde eine Reportage über Gewalt und Respektlosigkeit gegenüber Polizeibeamten im Fernsehen gezeigt. Meine Mutter schaute sie sich an, vor allem, weil auch mein Brief darin erwähnt wurde. Nachdem die Sendung vorbei war, telefonierten wir miteinander. Meine Mutter war über das Verhalten der gezeigten ausländischen Mitbürger schockiert und empört. Wie die mit der Polizei geredet hatten, konnte sie nicht fassen. Und ich hatte gedacht, dass meine Mutter nach all meinen Erzählungen wüsste, was auf der Straße vor sich geht. Die Gespräche mit ihr sind oft mein Ventil und helfen mir bei der

Verarbeitung der erlebten Einsätze. Wie oft habe ich ihr erzählt, was ich auf der Straße erlebe? Wie viele Male habe ich ihr das respektlose Verhalten geschildert, insbesondere das von straffälligen Personen mit Migrationshintergrund? Aber erst durch diese Reportage konnte sie all das besser nachvollziehen. Sie verstand es erst, als sie es mit eigenen Augen gesehen hatte - wenn auch nur im Fernsehen.

Die Arbeit der Polizei kann manchmal von außen betrachtet unverständlich erscheinen. Polizeiverhalten mag in einzelnen Situationen dem spontanen persönlichen Impuls einiger Bürger widersprechen, etwa wenn rechte Demonstranten von der Polizei geschützt werden (müssen) oder Außenstehende die Vorgeschichte nicht kennen, die zu einem Einsatz geführt hat. Es ist aber in aller Regel selbst in brisanten Einsätzen wohlüberlegt und richtet sich nach geltendem Gesetz - sollte es das im Einzelfall nicht tun, steht der Rechtsweg immer offen. Vielleicht schafft ja schon ein bisschen mehr Wissen um die tägliche Polizeiarbeit mehr Transparenz und Vertrauen. Werfen wir deshalb einen kurzen Blick auf die Grundlagen unserer Arbeit.

GEWALTENTEILUNG – POLIZEI ZWISCHEN POLITIK UND JUSTIZ

Die Aufgabe der Polizei ist es, wie es so schön in der Umgangssprache heißt, für Recht und Ordnung zu sorgen. Sie hat die öffentliche Sicherheit zu wahren und zu gewährleisten beziehungsweise wiederherzustellen und im Zuge der Strafverfolgung Ordnungswidrigkeiten und Gesetzesverstöße zu verfolgen. Polizisten sind Ermittlungspersonen der Staatsanwaltschaft, die als Ermittlungs- und Anklagebehörde fungiert. Innerhalb der im Gesetz geregelten Grenzen und unter Beachtung der Verhältnismäßigkeit darf die Polizei zur Gefahrenabwehr und Strafverfolgung auch Gewalt, das heißt Zwang, einsetzen, was sie von vielen anderen Staatsorganen unterscheidet.

Sie ist die ausführende Gewalt des Staates, zählt also zur Exekutive, in Abgrenzung zur Judikative (Justiz) und Legislative (Gesetzgebung), oder stark vereinfacht ausgedrückt: Die Politik beschließt die Gesetze, deren Einhaltung die Polizei verfolgt, während die Justiz über Vergehen gegen das Gesetz urteilt.

Das System der Gewaltenteilung stellt neben dem Rechtsstaat und den Menschenrechten die Basis unserer Demokratie dar. Das Grundgesetz ist der verfassungsrechtliche Ausdruck dieses Demokratieverständnisses und als Grundlage der politischen Kultur in Deutschland unverrückbar. Diese Grundüberzeugungen zu verteidigen ist auch Aufgabe der Polizei.

Ich habe an anderer Stelle schon einmal Artikel 1 des Grundgesetzes zitiert, allerdings nur den ersten Satz: »Die Würde des Menschen ist unantastbar.« Es folgt aber noch ein zweiter, der mir als Polizistin besonders wichtig ist: »Sie zu achten und zu schützen ist Verpflichtung aller staatlichen Gewalt.«

Damit wäre das Hauptanliegen meiner täglichen Arbeit bereits geklärt – theoretisch. In der Praxis ist das Leben natürlich nicht mit einem Satz beschrieben. Schon mein erster Tag im richtigen Dienst während der Ausbildung machte mir das mehr als deutlich.

Ich fuhr mit meinem Dienstgruppenleiter das erste Mal raus, und was ich an diesem Tag alles erlebte, werde ich nie vergessen: einen Mann, der seine Mietwohnung mit einer Kettensäge aufgesägt und das Inventar kurz und klein geschlagen hatte; eine Fahndung nach einem Exhibitionisten, den wir anschließend im Rahmen der Nahbereichsfahndung aufgreifen konnten; einen Lkw, der sich selbstständig in Bewegung setzte und in Richtung Bahngleise rollte; südländische Gangs, die mit ihrem Verhalten bedrohlich auf mich wirkten. Für mich das Paradebeispiel eines Polizeialltags und heute natürlich nicht mehr annähernd so schockierend wie noch am ersten Tag.

Die Theorie stellt sich also in der Praxis schnell ganz anders dar als vermutet. Ich möchte deshalb direkt auf einige der Schwierigkeiten hinweisen, die sich im Alltag für uns Polizisten ergeben.

Die bereits beschriebenen Probleme mit straffälligen Personen (mit oder ohne Migrationshintergrund) wären für sich genommen schon schlimm genug. Doch schon unser bloßes Erscheinen reicht immer öfter aus, dass wir angegriffen werden, vor allem bei Routineeinsätzen wie Personen- und Verkehrskontrollen, Einsätzen wegen Ruhestörung, bei Festnahmen, bei Demonstrationen oder Fußballspielen. Das erlebt jeder Polizist im Alltag, die neue Qualität der Gewalt wurde durch Studien belegt. Da gibt es wirklich nichts mehr schönzureden – nur dem Gesetzgeber reicht das offensichtlich nicht, um darauf zu reagieren. Selbst vermehrte Aufrufe, etwa vonseiten der Polizeigewerkschaften, nach mehr Schutz konnten bislang daran nichts ändern. Ich hoffe nicht, dass erst etwas Schlimmeres passieren muss, bis aus Lippenbekenntnissen konkrete Verbesserungen werden.

Auch in der Justiz mangelt es immer wieder an Rückendeckung. Zum Teil spielt die Überlastung der Gerichte eine Rolle: Die Verfahren sind in aller Regel viel zu langwierig, bis zur Verkündung eines Urteils kann es bis zu ein Jahr oder noch länger dauern. Der Personalmangel spielt hier sicher eine Rolle, erklärt aber die Langsamkeit nicht alleine. Gerade bei einfachen Fällen mit eindeutiger Beweislage müssten die Verfahren dringend beschleunigt werden, damit ein Erziehungs- beziehungsweise Lerneffekt überhaupt eintreten kann. Denn dazu sind Sanktionen ja eigentlich gedacht. Mit langen Verfahren verpufft diese Chance fast komplett. Wenn ein Ersttäter den Eindruck gewinnt, dass seine Taten keine rechtlichen Konsequenzen haben, steigt die Wahrscheinlichkeit, dass aus ihm ein Mehrfachtäter wird.

Dieser Zustand wird zusätzlich noch dadurch verschlimmert, dass viele Richter den rechtlichen Spielraum nicht ausschöpfen. Es kommt immer wieder zu unverständlich milden Urteilen. Mit mehr als bedenklichen Folgen für die Opfer und auch die Polizei. Der Ansatz, Resozialisierung in den Vordergrund zu stellen, ist nachvollziehbar und in vielen Fällen genau richtig. Wenn das aber dazu führt, dass selbst Mehrfachtäter oftmals außer Sozialstunden keine ernsthaften Konsequenzen zu befürchten haben, ist niemandem geholfen.

Mir geht es nicht per se um harte, aber sehr wohl um

wirksame Sanktionen. Wenn wir jemanden in Gewahrsam nehmen und der Richter entscheidet, dass er nach einer Stunde entlassen wird, kann dieser Kurzaufenthalt keine erzieherische Wirkung haben. Der Betroffene kann sogar noch damit prahlen, kurz in einer Zelle gewesen zu sein. Das Gesetz erlaubt unter anderem eine Ingewahrsamnahme bis zum Ablauf des nächsten Tages. Ich habe es noch nicht ein einziges Mal erlebt, dass dies auch angewandt wurde. Da müsste viel öfter ein rechtzeitiger Schuss vor den Bug kommen, der zu einem Umdenken führt und verhindert, dass ein Mensch in Zukunft erneut straffällig wird.

Bei Wiederholungs- oder Intensivtätern ist neben der Schnelligkeit der Bestrafung nicht zuletzt auch die Härte der Strafe von enormer Bedeutung für die weitere Karriere. Heute lassen sich hingegen immer mehr Fälle von »Kuscheljustiz« beobachten, bei denen man den Eindruck bekommt, dass Täterschutz vor Opferschutz geht, obwohl es umgekehrt sein müsste. Und dass das Verhängen von Sozialstunden für versuchte Gefangenenbefreiung oder Widerstand gegen die Polizei auch eine demotivierende Wirkung auf Polizisten haben kann, erklärt sich fast schon von selbst.

Hinzu kommen teilweise nur schwer nachvollziehbare Urteile, vor allem auch aus falscher Rücksichtnahme auf kulturelle Gepflogenheiten. Es wurden schon an mehreren Gerichten Urteile verkündet, bei denen Strafmilderungsgründe angeführt wurden, die mir nicht mit unseren demokratischen Grundsätzen vereinbar scheinen: zum Beispiel, wenn ein Moslem wegen einer Tat in der Fastenzeit milder bestraft wird, weil er durch das Fasten geschwächt und nicht Herr seiner Sinne war; wenn bei der Ablehnung eines Scheidungsbegehrens einer Frau wegen Gewalt in der Ehe auf eine Sure im Koran verwiesen wird, die dem Mann das Recht auf körperliche Züchtigung erlaubt; oder wenn bei einer Vergewaltigung durch den eigenen Vater nur eine Bewährungsstrafe verhängt wird, weil in der Community sonst herauskäme, dass das Opfer nun »beschmutzt« und somit für die Familie untragbar geworden ist – das Opfer wohlgemerkt, nicht der Täter. So etwas als Opferschutz zu verkaufen ist nicht nur absurd, sondern obendrein auch noch makaber. Das mögen Extremfälle sein, aber es gab sie, an deutschen Gerichten.

In Bezug auf ihre demotivierende Wirkung fällt aber weniger diese Art von Urteilen ins Gewicht als vielmehr die Tatsache, dass sich unter meinen Kollegen das Gefühl breitgemacht hat, dass Polizisten bei ihrer Arbeit nicht gut genug geschützt sind, gerade bei interkulturellen Konflikten. »Viele erstatten gar keine Anzeige mehr, weil sie gemerkt haben, dass es nichts bringt«, sagt auch Arnold Plickert. Es gibt sogar Berichte über Vorgesetzte, die dazu raten, Anzeigen wegen Beleidigung, Widerstand oder Körperverletzung gegen Täter ausländischer Herkunft zu unterlassen, »weil das nur Ärger bringt«.

Das passt zum Ergebnis einer NRW-Studie, wonach die Hälfte aller Polizisten im Jahr 2011 mindestens einen tätlichen Angriff hinnehmen musste, bei der Bereitschaftspolizei sind es gar über 80 Prozent. Seither steigt die Anzahl der Übergriffe auf Polizeibeamte kontinuierlich an, wie sich aus der Polizeilichen Kriminalstatistik (PKS) leicht herauslesen lässt. Erschreckend daran ist nicht zuletzt, dass nur wenige der verletzten Kollegen tatsächlich einen

Strafantrag wegen Körperverletzung stellen. Viele verzichten aufgrund mangelnder Erfolgsaussichten, andere unterlassen eine Anzeige, weil sie befürchten, dass sie dadurch sich und ihre Familie gefährden – schließlich wissen die Kollegen, dass ihre Klientel auch ihre private Adresse ausfindig machen könnte. Selbst die Einführung einer Auskunftssperre der Privatadresse für alle Kollegen im operativen Dienst könnte hier also nur bedingt Abhilfe schaffen.

Doch Resignation kann ja wohl kaum die Lösung des Problems sein, nach dem Motto: »Wenn nichts angezeigt wird, ist auch nichts passiert.« Ganz im Gegenteil: Halten wir das Verhalten der Delinquenten nicht schriftlich fest, dann macht es niemand. Nur so besteht die Möglichkeit, Vergehen wie Beleidigung und Körperverletzung zum Nachteil von Polizeibeamten zu erfassen. Insbesondere mit Beleidigungen, die oftmals Vorboten weiterer Eskalationsstufen sind, wird viel zu nachlässig umgegangen. Nur wenn Richter und Staatsanwälte sehen, was draußen vor sich geht, kann sich etwas verändern. Deshalb gehöre ich zu denen, die (immer noch) Anzeigen fertigen, egal, wie sinnlos das auch sein mag.

Ein Justizbeamter sagte mir, viele Richter würden aus Angst um ihren Ruf milde handeln. Sie hätten die Befürchtung, dass ihr Urteil angezweifelt und von höherer Instanz überprüft würde, wenn es zu hart ausfiele. Das hieße, dass man lieber den einfachen als den korrekten Weg ginge.

Was sich immer wieder beobachten lässt, ist eine gewisse Hilflosigkeit aufseiten der Justiz selbst bei alltäglichen Fällen. Um ihren Hals aus der Schlinge zu ziehen, verhalten sich viele Täter gegenüber den Richtern vorbildlich. Im Gerichtssaal mimen sie dann in ihren schicken Anzügen, mit frisch geschnittenem Haar und tadellosem Benehmen die reinsten Unschuldslämmer. Eine Taktik, die leider regelmäßig aufgeht. Und selbst wenn Richter und Staatsanwälte das Spielchen der Angeklagten durchschauen und ahnen, dass es sich lediglich um eine Show handelt, wird sehr oft milde geurteilt.

Aber längst nicht alle verhalten sich wie Unschuldslämmer. Gerade wenn bereits mehr Erfahrung mit Polizei und Justiz vorhanden ist, wird oft der fehlende Respekt gar nicht erst verborgen.

Vielleicht wäre es schon förderlich, wenn Richter mehr Praxiserfahrung in der Lebenswelt ihrer Klientel sammelten, vor allem in den Problemvierteln und Migrantenhochburgen. Die wenigsten Richter werden auf einen sonderlich umfangreichen persönlichen Erfahrungsschatz in diesen Stadtteilen zurückgreifen können. Trotz aller Arbeitsbelastung könnten ein paar Tage Praxiserfahrung pro Jahr beziehungsweise der regelmäßige Austausch mit Polizeibeamten, mit Lehrern, mit Sozialarbeitern vor Ort für wesentlich mehr Einsichten, ein klareres Gesamtbild und bessere Urteile sorgen.

Bezüglich der Integrationsprobleme bestimmter Bevölkerungsgruppen habe ich mich mit einem Richter unterhalten. Als ich ihm meine Erlebnisse auf der Straße schilderte, erzählte er mir, dass auch ihn viele Personen mit Migrationshintergrund im Gerichtssaal nicht akzeptieren würden. Er bestätigte das respektlose Verhalten, das eine bestimmte Klientel immer wieder an den Tag legte. Ich war für einen Moment erleichtert, dass er das Problem anscheinend ähnlich sah wie ich, doch dann fragte er, was er denn machen solle. *Was er denn machen solle?*

Ich fragte ihn, wenn *er* nichts dagegen unternehmen würde, wer dann? Ein saftiges Ordnungsgeld für Frechheiten und Störungen der Verhandlung wäre doch ein wirksames Mittel. Wenn selbst ein Richter den Delinquenten keine Grenzen aufzeigen kann, wer bleibt dann noch übrig, um dem Ganzen Einhalt zu gebieten? Im Grunde niemand.

Besonders unverständlich sind lasche Urteile, wenn Polizeibeamte oder andere Organe des Staats Opfer einer Straftat geworden sind. Viele Richter sehen es als normal an, dass Polizeibeamte verbal und körperlich angegangen werden.

Im Sommer 2014 wurde ein Kollege meiner Behörde im Einsatz angeschossen. Einsatzanlass war eine Schlägerei. Schon bei der Anfahrt zum Tatort kam meinen Kollegen ein gehetzt wirkender Mann auf einem Fahrrad entgegen, der beim Anblick der Polizei sofort zu flüchten versuchte. Wenig später wurde er gestellt und - weil er sich der Aufforderung, stehen zu bleiben, widersetzte - schließlich zu Boden gebracht. Wie sich erst danach herausstellte, hatte der Mann, der sich als Russe zu erkennen gab, mit der Schlägerei gar nichts zu tun, aber das konnten die Kollegen zum damaligen Zeitpunkt nicht wissen. Als sie versuchten, den Mann unter Kontrolle zu bringen, feuerte er aus seiner Hose mit einer Schusswaffe auf einen von ihnen. Das Projektil traf einen Kollegen ins Bein und verletzte ihn lebensgefährlich. Gott sei Dank überlebte er.

Doch der Täter wurde kurz darauf wieder aus der Untersuchungshaft entlassen, weil für das Landgericht Bochum kein Haftgrund bestand. Das Gericht hielt ihm in der Verhandlung zugute, dass er die Festnahme aus seiner Sicht für ungerechtfertigt hielt. Arnold Plickerts Kommentar ist wenig hinzuzufügen: »Wenn sich diese juristische Auffassung durchsetzt, werden deutsche Polizisten zu Freiwild erklärt.« Der Täter erhielt dann Ende März 2015 doch eine Strafe. Acht Jahre Haft wegen versuchten Mordes. Immerhin.

Mir fehlt jegliches Verständnis, wenn auf einen Menschen geschossen und, wenn schon nicht gezielt getötet, vom Schützen doch zumindest in Kauf genommen wird, jemanden umzubringen. Ob das Opfer Polizeibeamter ist oder nicht, spielt da im Grunde keine Rolle. Es muss auch nicht immer gleich um Mord und Totschlag gehen. Oft treffen wir auch andere Straftäter auf der Straße wieder, die wir erst kurze Zeit zuvor festgenommen haben. Ob nun wegen Überlastung der Gerichte oder lascher Urteile, auf Dauer ist das einfach nur frustrierend.

Ich habe es auch schon oft erlebt, dass ein Ordnungswidrigkeitsverfahren eingestellt wurde, weil man uns Polizisten nicht glaubte. Einmal fragte mich ein Richter vor Gericht mehrfach, ob sich der Fahrer eines Pkw nicht vielleicht doch nur am Kopf gekratzt habe, anstatt mit dem Handy zu telefonieren, was zum Verlust der Fahrerlaubnis geführt hätte, weil sein Punktekonto in Flensburg bereits ausgereizt war. Warum sollten wir uns Ordnungswidrigkeiten ausdenken oder zur Anzeige bringen, wenn wir uns nicht hundertprozentig sicher sind? Warum wird versucht, auf ein mildes Urteil hinzuwirken, wenn die Verkehrssünderdatei eine eindeutige Sprache spricht?

Durch meine Arbeit habe ich die Abläufe von Gerichtsverfahren in den letzten Jahren sehr gut kennengelernt. Dass dermaßen viel schiefläuft, hätte ich mir vor meinem Dienst bei der Polizei nie träumen lassen, da ich an ein gut funktionierendes Rechtssystem geglaubt habe. Und viele Bürger glauben das bis heute. Doch es ist eine Tatsache, dass man sich von der Rechtsprechung in vielen Fällen nicht allzu viel erwarten darf.

Die Polizei wird zwar präventiv tätig und versucht etwa mit Öffentlichkeitsarbeit, die Menschen über Ursachen und Folgen von Straftaten aufzuklären. Regelmäßig werden Statistiken erhoben und veröffentlicht, mit Pressekonferenz und sonstiger medialer Begleitung. Auch Informationen zum Selbstschutz, zum Beispiel vor Einbrechern, werden an die Bürger vermittelt. Auch dass die Polizei die sozialen Medien für sich entdeckt, ist gut und richtig. Aber wie viele Menschen können damit realistischerweise erreicht werden? Um die beschriebenen Integrationsprobleme in den Griff zu bekommen, ist das alles genauso wenig hinreichend wie die Fortbildungen in interkultureller Kompetenz und das Einrichten von Migrations- oder Integrationsbeauftragten bei der Polizei. Wir brauchen all das – aber ohne mehr Rückhalt in Politik und Justiz wird die Polizeiarbeit in Zukunft nicht in der Form zu bewältigen sein, wie es nötig wäre. Zur Verdeutlichung möchte ich daher das Thema Polizeigewalt bzw. Gewalt gegen Polizisten noch einmal genauer darstellen.

POLIZEIGEWALT – GEWALT GEGEN POLIZISTEN

Wir alle kennen die spektakulären Bilder aus den Medien, etwa bei den Demonstrationen gegen Stuttgart 21 oder der Einkesselung der Blockupy-Demonstranten in Frankfurt am Main. Aus meiner Zeit bei der Hundertschaft kenne ich Situationen wie diese aus eigener Erfahrung: Ich war beispielsweise bei mehreren Castor-Transporten dabei, bei Einsätzen mit Hooligans und Rockerbanden, bei der Loveparade-Katastrophe in Duisburg oder eben in Stuttgart bei den Bahnhofsdemos. Die dort gesammelten Erfahrungen helfen mir heute im Dienst oft weiter, vor allem natürlich bei größeren Ansammlungen von Menschen, insbesondere bei spontaner »Rudelbildung«.

In den Medien werden dann bevorzugt Momentaufnahmen gezeigt, in denen mehrere Polizeibeamte gegen einen einzelnen Menschen scheinbar völlig übertrieben und unverhältnismäßig vorgehen. Die Vorgeschichte bekommt jedoch kaum einer mit, und wenn doch, kann ein Normalbürger eine vom Täter ausgehende Gefahr nicht so einschätzen, wie es ein Polizeibeamter tut. Auch das Problem mit scheinbar Unbeteiligten wird dabei oft falsch vermittelt. Wenn ich höre, dass unschuldige Bürger durch die Polizei angegriffen wurden, weil sie in einer Menschenmenge waren, kann das nicht der Wahrheit entsprechen. Wenn sich jemand in einer Menschenmenge befindet, aus der Straftaten verübt werden, wird den nicht agierenden Personen mehrfach über Lautsprecher die Gelegenheit gegeben, sich zu entfernen. Leute, die unverschuldet in eine derartige Situation geraten sind, haben so die Möglichkeit, sich zu überlegen, ob sie tatsächlich bleiben oder sich nicht doch lieber zurückziehen wollen. Tun sie das nach wiederholtem Aufruf nicht, gelten sie als Beteiligte einer Straftat. Es ist ihre bewusste Entscheidung, so einfach ist das. Und wenn sie dann mit Zwangsmaßnahmen konfrontiert werden, dürfen weder sie noch der Fernsehzuschauer sich darüber wundern.

Nichtsdestotrotz kann es vorkommen, dass angegriffene Polizeibeamte auch mal überreagieren, das möchte ich nicht bestreiten.

Amnesty International erhebt diesbezüglich aber immer wieder den Vorwurf, dass Polizeibeamte nicht so sauber gegen Polizisten ermitteln würden wie gegen normale Bürger. Bei der Polizei herrsche ein *code of silence*, also ein vereinbartes Schweigen im Fall von Polizeigewalt, um Kollegen zu schützen. Außerdem wird aufgeführt, dass 90 Prozent der Polizisten nicht verurteilt und Verfahren oft sehr schnell eingestellt würden, weil den Beamten eher geglaubt würde als anderen Personen, schließlich sind sie oft als wichtige Zeugen vor Gericht.

Ich kann diese Vorwürfe so nicht bestätigen. Dass Teamfähigkeit bei der Polizei überlebensnotwendig sein kann, dürfte außer Frage stehen – daraus unhinterfragten Korpsgeist, Gehorsamspflicht, Machtmissbrauch, eine Bandenmentalität oder eine »Mauer des Schweigens« abzuleiten, halte ich hingegen für übertrieben und konstruiert. Die Verdeckung eigener Straftaten ist kein Kavaliersdelikt; das ist jedem Polizisten sehr bewusst. Auch unterscheidet sich die Zahl der eingestellten Verfahren gegen Polizisten nicht signifikant von der gegen Normalbürger. Schließlich widersprechen nicht zuletzt meine persönlichen Erfahrungen vor Gericht dem Vorwurf einer Glaubwürdigkeitshierarchie beziehungsweise eines Vorschusses oder Bonus für Polizeibeamte bei Richtern.

Um größere Transparenz zu schaffen, halte ich beispielsweise die Einführung von Bodycams sinnvoll: Das sind Kameras, die Bild und Ton aufnehmen und im Schulter- oder Kopfbereich angebracht werden können, um den Blickwinkel des jeweiligen Polizisten aufzuzeichnen. Mit deren Hilfe ließen sich die oftmals widersprüchlichen Aussagen in vielen Fällen sicher schnell aufklären. Sie könnten auch für mehr Transparenz bei der Polizeiarbeit und Verständnis beim Bürger sorgen.

Eine weitere Forderung hinsichtlich der Vermeidung von Polizeigewalt ist die individuelle Kennzeichnung von Polizisten im Einsatz, um einzelne Beamte leichter ausfindig machen zu können. In manchen Ländern ist sie bereits eingeführt, Erfahrungswerte sind mir nicht bekannt. Ob das »gefährdete« Kollegen zurückhält, ist schwer zu beurteilen. Aus meiner Sicht würde es reichen, wenn die Gruppe mit internen Kennzeichnungen versehen ist, damit die Beamten später ermittelt werden können.

Natürlich wäre mit Bodycams und individueller Kennzeichnung alleine das Problem nicht aus der Welt zu schaffen. Die eine einzig richtige Lösung gibt es sowieso nicht, weil wir es immer mit Einzelfallentscheidungen und Fragen der Verhältnismäßigkeit von Maßnahmen zu tun haben. Insofern wird uns das Thema auch in Zukunft weiter begleiten.

Das Ausmaß an Polizeigewalt – das darf man bei der ganzen Debatte aber auch nicht vergessen – ist in Deutschland vergleichsweise niedrig. Das wissen viele Migranten aus eigener Erfahrung in ihren Herkunftsländern und bestätigen das auch immer wieder.

Aber auch wenn die deutsche Polizei dabei gut abschneidet, sollen Vergleiche mit anderen Ländern nicht dafür herhalten, das Problem bei uns kleinzureden. Hier gilt es, höchste Maßstäbe anzusetzen – und gleichzeitig der Polizei den Schutz der Bürger nicht übermäßig schwierig zu gestalten. Die Polizei sollte konstruktive Kritik und Vorschläge auf jeden Fall prüfen und gegebenenfalls aufgreifen.

Zum Thema Gewalt gegen Polizisten habe ich schon vieles aufgeführt, aber vor allem eine juristische Frage möchte ich noch beleuchten, weil sie vermutlich außerhalb von Polizeikreisen wenig bekannt sein dürfte. Es handelt sich um den Paragrafen 113 des Strafgesetzbuches, der den Widerstand gegen Vollstreckungsbeamte behandelt. Paragraf 113 StGB tritt in Kraft, wenn im Zuge von Maßnahmen Widerstand gegen Polizisten geleistet wird, sei es durch tätliche Angriffe oder die Androhung von Gewalt. Voraussetzung dafür ist, dass der Polizeibeamte bei dem Angriff unmittelbar dienstlich tätig geworden ist. Und das ist der Haken bei der Sache: Wird ein Polizist, zum Beispiel während er zur Präsenz Fußstreife geht, körperlich angegriffen, ist der Tatbestand des Paragrafen 113 nicht erfüllt, da der Beamte keine Diensthandlung vorgenommen hat. Genau diese Fälle, in denen Situationen grundlos eskalieren, häufen sich in den letzten Jahren immer mehr. Als wüssten die Täter um diese Lücke.

Auch das Strafmaß bei Paragraf 113 ist leider oft nur ein Witz. Ein Täter, der einen besonders schweren Fall des

Diebstahls begeht, indem er beispielsweise die Fensterscheibe eines Pkw einschlägt und ein Navi entwendet, wird nach Paragraf 243 StGB mit einer Mindestfreiheitsstrafe von drei Monaten bestraft. Für den Widerstand gegen Vollstreckungsbeamte gibt es, wenn überhaupt, eine Geldstrafe, einige Sozialstunden oder ein Antiaggressionstraining – obwohl bereits bei jetziger Gesetzeslage in besonders schweren Fällen, etwa beim Einsatz von Waffen, zwischen sechs Monaten und fünf Jahre möglich sind. Die Gewerkschaft der Polizei hatte 2010 dazu einen Gesetzesvorschlag ausgearbeitet. Dieser beinhaltete unter anderem die Erfüllung des Tatbestandes beim Angriff eines Polizeibeamten, auch wenn dieser gerade nicht unmittelbar dienstlich tätig wird, und eine Mindestfreiheitsstrafe von drei Monaten. Doch auch fünf Jahre später hat sich nichts geändert.

Dabei betrifft das Problem ja nicht nur Polizeibeamte, sondern auch Sanitäter, Notärzte und Feuerwehrleute, die im Einsatz auch immer öfter attackiert und verletzt werden. Die Entscheidungsmacht über eine Anpassung des Paragrafen 113 StGB liegt beim Bund – und da herrscht Uneinigkeit, als hätten wir es hier mit einem Bagatelldelikt zu tun.

Alle 50 Minuten wird allein in Nordrhein-Westfalen ein Polizist Opfer eines Angriffs. Wenn die Uniform zur Zielscheibe wird, hat das schwerwiegendere Auswirkungen als blaue Flecken oder hin und wieder mal einen Knochenbruch. Schlafstörungen, Essstörungen, Nervosität und Schweißausbrüche zählen zu den Folgen, mit denen viele Kollegen nach Angriffen oft über längere Zeiträume zu kämpfen haben. Wer seine Knochen für den Staat hinhält und dessen Bürger schützt, der sollte vom Gesetz auch besser geschützt werden. Zur Vermeidung rechtsfreier Räume gehört auch das Schließen von Lücken und Graubereichen. Hier sind klare Signale durch die Politik überfällig.

IM ALLTAG – IMMER HILFLOSER

Ich möchte abschließend noch die wichtigsten internen Probleme aufführen. Denn einige Missstände sind auch hausgemacht. Sie betreffen überwiegend die Punkte Arbeitsbelastung, Personalabbau, Überalterung und Ausrüstung.

Natürlich ist die Arbeitsbelastung bei der Polizei eine besondere, vor allem im Streifendienst kann es vorkommen, dass man von einem Verkehrsunfall mit totem Kind zum Hilfeersuchen einer alten Frau fahren muss, dann zu einer Schlägerei, einem Einbruch, einer Tierrettung, einer Verfolgungsfahrt, einem Brand, einem Zivilstreit und so weiter. Dieses ständige Umdenken erfordert viel Kraft. In den nächsten Einsatz müssen wir nach all den Erlebnissen unvoreingenommen gehen und so agieren, als wäre es unser erster, um keine Gefährdung des Bürgers oder der Eigensicherung zu verursachen.

Immer mehr Kollegen haben den Eindruck, dass dieser Einsatz kaum noch wertgeschätzt wird. Stattdessen wird man von immer mehr Bürgern belehrt, wie man seine Arbeit zu machen hat. Man braucht für diesen Job ein dickes Fell. Aber der Uniformträger kann nun mal nicht alles von sich abprallen lassen, da eine strikte Trennung von Privatperson und Polizist nicht immer möglich ist. Ich bin da ganz ehrlich: Auch mir gehen die täglichen Auseinandersetzungen, Rechtfertigungen, Uneinsichtigkeiten und nicht enden wollenden Diskussionen an die Substanz. Und ich kenne nicht wenige Kollegen, die von den immer wiederkehrenden Gewaltattacken, denen sie ausgesetzt sind, erschöpft sind. Dabei ist es unerheblich, ob die Übergriffe verbal oder körperlich erfolgen. Blutergüsse, Hautverletzungen und Knochenbrüche sind die sichtbaren Folgen. Doch auch die psychischen Folgen dieses Dauerstresses sollten keinesfalls unterschätzt werden. Die Zahlen der Burn-outs, der Frühpensionierungen und ähnlicher Kennzeichen von dauerhafter Überlastung und Überforderung sind jedenfalls alarmierend.

Eng damit verbunden ist natürlich das Thema Personalabbau. In NRW - und in den meisten anderen Bundesländern auch - gibt es von Jahr zu Jahr immer weniger Polizisten. Überstunden werden angehäuft, insbesondere bei der Hundertschaft. Trotz offiziell steigender Einstellungszahlen werden wir de facto weniger, da noch mehr Kollegen pensioniert werden. Die Verspottung als »Ü50-Truppe« kommt nicht ganz von ungefähr. Politisch korrekt spricht man natürlich vom demografischen Wandel, der sich auch bei der Polizei bemerkbar macht, und den geburtenstarken Jahrgängen, die das Rentenalter erreichen. Es gibt Schätzungen, nach denen bei den aktuellen Einstellungszahlen allein in Nordrhein-Westfalen knapp 2000 Polizisten fehlen werden. Bereits jetzt werden auch in meiner Behörde immer öfter Einsätze zurückgestellt oder an andere Wachen übergeben.

Da Polizei Ländersache ist, entscheidet jedes Bundesland, wie viele Polizeibeamte eingestellt werden. Der wichtigste Faktor dabei ist vermutlich Geld. Da die meisten Bundesländer verschuldet sind, wird versucht, überall zu sparen. Auch bei der Polizei. Die Konsequenzen sind im Grunde mehr als naheliegend: Eine niedrigere Polizeipräsenz senkt das Entdeckungsrisiko für Straftäter. Das versteht jedes Kind. Wenn immer weniger Streifenwagen immer mehr Einsätze bewältigen müssen, dauert es außerdem wesentlich länger, bis diese nach und nach abgearbeitet werden. Längere Wartezeiten müssen dann in Kauf genommen werden, weil die Einsätze bei erhöhtem Einsatzaufkommen nach Priorität sortiert werden, also beispielsweise Streit vor Verkehrsbehinderung, Verkehrsunfall vor Fundsache und so weiter. Den Unmut der Bürger, der mir nach einer Stunde Wartezeit oder mehr dann manchmal entgegengebracht wird, kann ich verstehen - aber nicht ändern.

In einer anderen Behörde erlebte ich es einmal, wie uns für einige Zeit aus Kostengründen untersagt wurde, Streife zu fahren. Ganz genau: Wir sollten nur zu den Einsätzen und anschließend ohne große Umwege wieder zurück zur Wache fahren, um nicht unnötig Sprit zu verschwenden. Das war es dann erst mal mit der Präsenz.

Die Bürger bemitleiden uns manchmal, wenn sie unsere Wache betreten. »Da kann man doch nicht richtig arbeiten, so heruntergekommen und veraltet, wie hier alles ist«, bekomme ich oft zu hören. Und dabei ist meine Wache bei Weitem nicht die schlechteste. Defekte Stühle, kaputte Schränke, undichte Fenster sind keine Seltenheit. Ungelöste Software-Probleme begleiten uns oft über Monate.

Regelmäßig streikt auch der Farbdrucker, Fotos von Unfällen oder Tatorten können dann nicht gedruckt werden. Man kann oft nicht so effektiv und schnell arbeiten, wie man gerne wollte, da regelmäßig etwas nicht funktioniert oder fehlt.

Vieles wird provisorisch repariert, wahrscheinlich auch, um andere Investitionen zu ermöglichen. Doch die sind nicht immer eine echte Arbeitserleichterung: Der hoch gepriesene Digitalfunk funktioniert oft schlechter als der Analogfunk von vor 40 Jahren – komplizierte Bedienung, Funklöcher, bescheidene Sprachqualität.

Etliche Wachen und Kommissariate wurden bereits geschlossen oder zusammengelegt, um Personalkosten zu drücken. Vor allem auf dem Land werden zunehmend mehr Kommunen auf private Sicherheitsdienste zurückgreifen müssen, weil sie nicht mehr über genügend eigenes Personal verfügen. Viele Behörden haben schon jetzt zu wenig Personal und gehen auf dem Zahnfleisch. Die Sicherheit kann so auf Dauer nicht gewährleistet werden, der Vorwurf des »Kaputtsparens« wurde schon von mehreren Seiten vorgebracht.

Viele Kollegen glauben nicht mehr daran, dass die Politik sich ihrer Sorgen annimmt. Dass es die Terroranschläge von Paris brauchte und die Bedrohung durch IS-Rückkehrer, um mal wieder in der Öffentlichkeit über die Ausstattung der Polizei zu sprechen, unterstreicht diese Ansicht mehr, als es sie entkräftet. Die teilweise vorgenommene Aufstockung der betroffenen Abteilungen ist natürlich grundsätzlich positiv zu sehen. Auch ich begrüße es, dass das Land Nordrhein-Westfalen durch die Einstellung von 385 weiteren Kollegen bei der Terrorbekämpfung (Polizei und Verfassungsschutz) indirekt auch andere Abteilungen entlastet. Die mussten bis dato nämlich auffangen, so viel sie konnten. Doch ob bis 2017 nun 385 zusätzliche Beamte eingestellt werden oder nicht, löst die Zweifel an der Rückendeckung durch die Politik aber nicht komplett in Luft auf.

Beim Thema Personal ist auch der Anteil der Polizistinnen erwähnenswert, und zwar in einer Weise, die politisch korrekt denkenden Menschen nicht gefallen wird. Ich begrüße es natürlich grundsätzlich, dass immer mehr Frauen ihren Dienst bei der Polizei antreten. Wenn es aber im Einsatz zu einer körperlichen Auseinandersetzung kommt, bleiben Körperkraft und insbesondere Körpergröße von enormem Vorteil, hier ist ein größerer Anteil von weiblichen Beamten also ein Nachteil.

Und meiner Meinung nach werden auch aus weiteren Gründen mittlerweile zu viele Frauen eingestellt, zumindest in Nordrhein-Westfalen und im Verhältnis zu den Gesamteinstellungszahlen. Denn dadurch haben wir insbesondere im Streifendienst Probleme, die es vor ein paar Jahren so noch nicht gab. In einigen Dienstgruppen ist der Anteil der Frauen auf über 40 Prozent gestiegen, was zur Folge hat, dass wir einen oder mehrere Streifenwagen mit zwei Frauen besetzen müssen. Die überwiegende Mehrheit der Straftäter sind jedoch Männer. Und so gerät eine Frauenbesatzung bei Standardmaßnahmen wie der Durchsuchung einer Person schnell an ihre Grenzen. Denn sie darf einen Mann nicht ohne Weiteres durchsuchen. Dann muss ein weiterer Streifenwagen mit mindestens einem Kollegen zur Unterstützung dazugerufen werden. Passiert dies ab und zu, ist es nicht weiter tragisch. Passiert es aber immer öfter, bedeutet dies insbesondere ein erhöhtes Risiko der Eigensicherung, eine Mehrbelastung für die Kollegen und längere Wartezeiten für die Bürger der nachfolgenden Einsätze. Deshalb ist es aus taktischen und Eigensicherungsgründen bei gewissen Einsätzen sinnvoll, keine reine Frauenbesatzung, sondern ein gemischtes Team auf Streife zu schicken.

Ein weiterer Punkt sind die schwangeren und sich in Elternzeit befindenden Kolleginnen. Sie gehören zur Personalstärke, werden also auf dem Dienstplan erfasst, obwohl sie gar nicht greifbar, das heißt im Dienst sind. Somit stellt der Plan die Realität nicht richtig dar. Es kommt vor, dass zwei, drei oder mehr Kolleginnen gleichzeitig fehlen, was dann eine weitere Belastung für die Dienstgruppe bedeutet. Realistisch erscheint mir hierfür eine Grenze von einem Drittel beim Frauenanteil im Streifendienst. Mit dieser Meinung stehe ich nicht alleine da: Viele Kollegen – und insbesondere Kolleginnen – sehen das genauso.

Auch Kollegen mit Migrationshintergrund sind eine Bereicherung für die Polizei und heutzutage nicht mehr wegzudenken. Die Kollegen erleichtern in den Einsätzen unsere Arbeit, da sie durch das Dolmetschen gut vermitteln und so bereits vor Ort alle möglichen Sachverhalte schneller, effektiver und leichter bewältigen können. Es kommt auch vor, dass sie Gespräche und Absprachen zwischen Beschuldigten in einer fremden Sprache mitverfolgen, wenn die Beschuldigten noch nichts von ihren Sprachkenntnissen wissen.

Als Griechin musste ich während meiner Dienstzeit in dieser Hinsicht bislang kaum vermitteln. Die meisten Griechen, mit denen ich zu tun hatte, sprachen Deutsch. Nur wenige Male waren meine Sprachkenntnisse hilfreich. Im folgenden Fall zu meinem Vorteil und zum Nachteil eines griechischen Autofahrers:

Ein Kollege und ich wurden zu einer Verkehrsunfallflucht mit Sachschaden gerufen. Wir nahmen die Unfallflucht vor Ort auf und hatten Hinweise auf den Verursacher. So konnten wir den Halter des Wagens, einen Griechen, ermitteln und suchten seine Anschrift auf. Nachdem wir an der Haustür geklingelt hatten, öffnete uns die Ehefrau des Verdächtigen, er selbst kam kurz darauf hinzu. Mein Kollege übernahm die Gesprächsführung und schilderte den vorliegenden Sachverhalt. Bevor sich die Personen nach der Belehrung äußern konnten, fragte die Ehefrau ihren Mann auf Griechisch: »Hast du ein Auto angefahren?« Und er antwortete ebenfalls auf Griechisch: »Ja, sei leise.«

Mir tat es fast ein bisschen leid, aber ich musste diese Spontanäußerung natürlich mit in die Anzeige aufnehmen, da gibt es keine Ausnahmen für meine »Landsleute«. Und wie er kurz darauf auch offiziell zugab, war er tatsächlich der Verursacher des Unfalls.

So hilfreich der Migrationshintergrund von Polizisten hinsichtlich Sprache, Kulturverständnis und Mentalität auch sein kann – er hat auch Grenzen. Die beschriebenen Probleme mit straffälligen Personen mit Migrationshintergrund werden wir damit alleine jedenfalls nicht lösen, ganz einfach, weil die Kollegen von dieser Klientel genauso wenig akzeptiert werden wie alle anderen auch. Schlimmer noch: Sie werden als »Verräter« beschimpft oder als »Rassist«. Teilweise kommt es sogar zu Drohungen gegen sie und ihre Familien. Da ich von vielen Südländern für eine Landsfrau gehalten werde, kann ich das aus eigener Erfahrung nur noch einmal bestätigen.

Eine Ausländerquote bei der Polizei fände ich deshalb genauso sinnfrei wie eine Frauenquote. Ist ein deutscher Bewerber besser geeignet als ein ausländischer, sollte der Deutsche aufgrund seiner besseren Leistung eingestellt werden. Wenn Dolmetschen der einzige Vorteil sein sollte, dann reicht das in meinen Augen nicht. Das sollte kein Service werden, der am Ende dann noch von Straftätern als selbstverständlich vorausgesetzt wird.

Außerdem sollten die Kollegen mit Migrationshintergrund in den Behörden beziehungsweise Wachen sinnvoll verteilt werden. Auf einer Wache in Nordrhein-Westfalen befanden sich mehrere Polizisten mit türkischen Wurzeln, die anfingen, sich dort im Beisein ihrer deutschen Kollegen auf Türkisch zu unterhalten. Das führte mit der Zeit dazu, dass der Unmut immer weiter wuchs, sodass letztendlich den Kollegen untersagt werden musste, weiterhin untereinander ihre Muttersprache zu verwenden. Schade, dass es in diesem Fall so weit kommen musste, aber ich konnte die Entscheidung absolut nachvollziehen. Im Beisein von anderen ist das permanente Unterhalten in einer fremden Sprache respektlos und unangebracht, zumal, wenn man mehrfach darauf hingewiesen wird.

Man könnte jetzt den falschen Eindruck gewinnen, die Polizei wäre komplett überfordert bei all den Aufgaben, die sie zu erledigen hat. Ist sie natürlich nicht. Aber in mancher Hinsicht wird sie immer hilfloser, dieser Eindruck lässt sich kaum bestreiten. Es gibt Gebiete, da sind unsere Möglichkeiten ausgereizt, mehr geben die Kräfte aktuell einfach nicht her. Es wäre viel geholfen, wenn Politik und Justiz zur Entlastung der Polizei mehr beisteuern würden. Empörung und Lippenbekenntnisse helfen uns allerdings nicht weiter.

Im letzten Kapitel werde ich die konkreten Vorschläge, mit denen aus meiner Sicht nicht nur meinen Kollegen und mir viel geholfen wäre, sondern der ganzen Gesellschaft, noch einmal zusammenfassen. Grundsätzlich lässt sich sagen, dass wir gerade im Hinblick auf die zunehmenden Schwierigkeiten mit straffälligen Personen mit Migrationshintergrund eine ausschließlich sanfte Linie überdenken müssen. Angesichts der Entwicklung der letzten Jahre auf den Straßen einerseits und der aktuellen Personaldecke und Ausstattung bei der Polizei andererseits haben wir ein Limit erreicht. Wir dürfen nicht länger den Fehler begehen, Feigheit aus Kostengründen zu einer Deeskalationsstrategie umzudeklarieren. Wir müssen stattdessen knallhart ehrlich sein. Zu uns selbst - und zu den Bürgern.

WAS ZU TUN IST – EIN APPELL

Gegenwärtig geht man davon aus, dass etwa 20 Prozent der Bevölkerung in Deutschland einen Migrationshintergrund haben, davon etwa 6,5 Millionen oder 8 Prozent ohne deutsche Staatsangehörigkeit. Ob das bei Ihnen nun Ängste weckt oder nicht – es ist einfach Fakt, dass Deutschland ein Einwanderungsland ist und aufgrund der demografischen Entwicklung auch in Zukunft auf Einwanderung angewiesen sein wird. Die Fragen, die sich jetzt stellen, lauten: Wo entwickeln wir uns hin? Wie gehen wir damit um? Was ist konkret für alle Beteiligten zu tun?

Dass im Jahr 2015 Menschen Angst vor einer Islamisierung des Abendlandes haben, vor Überfremdung und einer großflächigen Unterwanderung unserer Sozialsysteme, entbehrt aktuell jeder statistischen Grundlage. Aber Ängste drücken sich nun einmal nur in den seltensten Fällen in harten Zahlen aus, es sind diffuse Gefühle.

Beim Abbau dieser Ängste hat die Politik vieles versäumt. Die meisten Forderungen, die ich im Folgenden stelle, richten sich daher an die Verantwortlichen auf den entsprechenden Ebenen, vor allem den Ländern, wo die Bildung genauso verankert ist wie die Polizei, aber auch im Bund. Insgesamt lässt sich sagen, dass die Integrationspolitik der Bundesrepublik jahrzehntelang diese Bezeichnung nicht verdient hat. Auch in der Bevölkerung war kein Bewusstsein für das Thema vorhanden – und wenn, dann einseitig aus wirtschaftlicher Perspektive geprägt. Dass diese Sichtweise zu kurz greift und schon immer zu kurz gegriffen hat, dringt immerhin so langsam durch. Der Satz »Gastarbeiter wurden gerufen, und gekommen sind Menschen« klingt heute vielleicht ein bisschen pathetisch – aber er stimmt nun mal einfach.

Jetzt gilt es nicht, Versäumtem lautstark hinterherzujammern, sondern nach vorne zu blicken. Meines Erachtens gibt es Dinge, die sind inzwischen schon so lange falsch gelaufen, die wachsen sich nicht von alleine aus, indem man einfach auf die nächste Generation hofft. Natürlich muss in Sachen Spracherwerb, Erziehung, Bildung gerade bei, mit und für Migranten noch viel getan werden. Bei straffälligen Personen mit Migrationshintergrund, und vor allem den Wiederholungs- und Intensivtätern, haben wir aber einfach keine Zeit mehr, zuzuwarten. Das haben wir viel zu lange gemacht.

In meinen Augen sind jetzt Aufräumarbeiten zu leisten, durch schnelle Verfahren, konsequente Urteile und rechtzeitige Prävention.

Ein gutes Beispiel für gelungene Prävention sind die Projekte des Ministeriums für Inneres und Kommunales des Landes Nordrhein-Westfalen (MIK NRW) »Kurve kriegen« gegen Jugendkriminalität und »Wegweiser« gegen gewaltbereiten Salafismus: Sie verhindern, dass Jugendliche in die Gewalt abdriften, bzw. helfen beim Ausstieg aus der Szene. Beide Projekte gehen aus meiner Sicht in die richtige Richtung, sind aber noch längst nicht ausreichend.

Wenn ich eine konsequente und auch härtere Linie fordere, dann aus der tiefen Überzeugung, dass damit allen geholfen wäre. Es sind nicht die Gene, es ist die soziale Prägung, es sind die Rollen, die wir annehmen, die wir lernen, in die wir gedrängt werden. Und deshalb bin ich davon überzeugt, dass Sanktionen ein besonders wichtiges Werkzeug sind. Weil bei einem Großteil meiner Klientel nur noch damit eine Verhaltensänderung bewirkt werden kann. Ich möchte zum Abschluss deshalb noch einmal kurz zusammenfassen, wo ich ausgehend von dieser Grundlage den größten Handlungsbedarf sehe.

Manche Forderungen klingen wahnsinnig banal, obwohl sie unglaublich wichtig sind - es ist das Dilemma so mancher Wahrheit. Wir müssen in vielen Fällen einfach genauer *hinschauen* und Respekt *einfordern.* Dabei muss zum einen die Politik vorangehen, den Rahmen abstecken und Vorgaben machen. Zum anderen müssen alle Beteiligten ihren Spielraum besser nutzen, und das bedeutet: Jeder Einzelne von uns ist gefragt.

Wir müssen die Probleme dort lösen, wo sie entstehen. So einfach ist das. Nur leider in der Praxis nicht.

ERZIEHUNG – ELTERN IN DIE PFLICHT NEHMEN

Erziehung ist ohne Zweifel in erster Linie die Aufgabe der Eltern. Reine Privatsache, könnte man meinen, das geht niemanden etwas an. Geht es um Integrations- oder generell um soziale Probleme, deren Ursachen in der Erziehung liegen, hat sie aber ganz direkte Auswirkungen auf die gesamte Gesellschaft. Deshalb muss man bei der Suche nach Antworten bereits ganz früh ansetzen.

Werden Kinder beispielsweise mit strikten hierarchischen Strukturen groß, die vorgegeben sind und sich nicht verändern lassen, prägt das natürlich ihr Weltbild. Kommt dann auch noch häusliche Gewalt als gängiges Strafinstrument ins Spiel, und wird diese Gewalt als willkürlich empfunden, hat das umso gravierendere Auswirkungen auf das Sozialverhalten der Kinder. Sie lernen dann von Anfang an, viele Probleme auf diesem Weg zu lösen.

Vor allem der Umgang mit Gefühlen wird durch die Familie vermittelt. Wie werden Emotionen ausgelebt? Gehört Aggressivität zum Alltag? Darf Schwäche gezeigt werden? Die Antworten auf Fragen wie diese verraten viel über Kinder und Heranwachsende. Aber auch, wie in der Familie in Geldfragen gehandelt wird, prägt Kinder stärker, als viele vermuten. Ebenso das Gefühl für Ordnung, der Stellenwert von Arbeit, Disziplin und ähnliche Einstellungen werden sehr früh vermittelt. Auch Vorurteile entstehen oft schon in jungen Jahren. Hier schafft die familiäre Prägung zwar keine unumkehrbaren Fakten, aber sie stellt die Weichen in eine bestimmte Richtung, die sich manchmal kaum noch ändern lässt. Oft ist schon Hopfen und Malz verloren, bevor die Kinder die Grundschule abgeschlossen haben. Nicht wenige kriminelle Karrieren sind dann schon längst vorgezeichnet. Deshalb ist das Thema Erziehung so entscheidend, und deshalb spielt die kulturelle Prägung eine so große Rolle.

Selbstständiges Denken, Persönlichkeitsentwicklung

und auch Bildung sind die entscheidenden Schlagworte für Teilhabe an einer Gesellschaft ganz allgemein und speziell für gelingende Integration von Migranten. Das Vermitteln von Vertrauen und Respekt sehe ich hier als ganz grundlegend an. Vertrauen zu entwickeln und zu erfahren – und zwar ohne Gegenleistung – ist von elementarer Bedeutung für die Entwicklung von Kindern. Leider ist dies in manchen Familien und Bevölkerungsgruppen selten geworden beziehungsweise gar nicht gewünscht. Zumindest muss man das so wahrnehmen, wenn einem das Ergebnis bestimmter Erziehungsmethoden auf der Straße begegnet. Familie, Glaube, Ehre, mit Gewalt erzwungener Respekt und Ähnliches ersetzen echte Gefühle. Die Familie steht über dem geltenden Gesetz, nur der Glaube steht theoretisch noch eine Stufe höher. Integrationswille kann sich bei Kindern aber nur entwickeln, wenn er auch vorgelebt wird. Wenn dagegen vermittelt wird, dass man die Mehrheitsgesellschaft nicht braucht, oder gar, dass man sich von ihr abgrenzen soll, kann das nur zur Katastrophe führen.

Eines unserer Hauptanliegen muss es daher sein, die verkrusteten Formen des Patriarchats zu knacken! Sie sind nicht nur überholt, sondern führen ins Abseits. Wenn ich eine konsequente Linie fordere, dann meine ich nicht die Regeln, die ein »starkes« Familienoberhaupt vorgibt. Natürlich brauchen wir klare Regeln, aber dabei geht es um eine offene Gesellschaft. Das ist kein Widerspruch, sondern ein extrem wichtiger Schritt in die richtige Richtung. Und das heißt auch nicht, dass Väter deshalb überflüssig wären. Im Gegenteil: Sie können ihre Rolle neu gestalten. Und das ist kein Verlust an Macht und Ehre, sondern auch für sie ein Gewinn.

Wenn Kinder durch ihr Sozialverhalten auffällig werden, dann müssen schon früh die Alarmglocken schrillen. Es kann nicht sein, dass straffällige Jugendliche immer jünger werden, ohne dass das Konsequenzen nach sich zieht. Bei vielen Mehrfach- und Intensivtätern ist die Akte dick, nicht weil sie so dämlich sind, sich bei jedem Delikt erwischen zu lassen, sondern weil sie so früh anfangen. Vor allem bei absehbaren Problemfällen, etwa wenn ältere Geschwister schon »Stammkundschaft« bei der Polizei sind, und bei denen vorhersehbar ist, dass die Eltern sie nicht in den Griff bekommen, müssen wir früher in die Familien reingehen.

Wir müssen Kinder vor Gewalt schützen - das muss absolute Priorität haben. Wenn das im Einzelfall bedeutet, ein Kind aus einer Familie holen zu müssen, dann muss man das eben tun, wenn man seinen Überzeugungen Glaubhaftigkeit verleihen will. Das ist dann keine kalte Härte, sondern Konsequenz. Eine gründliche Abwägung der Entscheidung zum Wohl des Kindes immer vorausgesetzt.

Prävention ohne einen gewissen Druck funktioniert bei den gefährdeten Bevölkerungsgruppen in aller Regel nicht. Das ist die traurige Wahrheit, die sich mir jeden Tag zeigt. Wenn Sanktionen nicht abschrecken, weil der Preis nicht hoch genug ist, dann verpufft ihre Wirkung. Ich sehe Sanktionen aber als elementaren Teil von Prävention. Es geht darum, Perspektiven zu geben *und* Grenzen zu setzen. Und das bedeutet auch Investitionen: in Personal, in Einrichtungen und nicht zuletzt in Bildung.

BILDUNG – INTEGRATION IN KITA, SCHULE UND BERUF

Das Ausbildungssystem ist gerade für Migranten *die* wirklich große Chance, die Deutschland einem bietet und worum viele Menschen in anderen Ländern uns beneiden (zumindest noch). Wer das nicht nutzt, ist im Grunde selber schuld.

Kindergartenpflicht und Ganztagsschulen könnten ein guter und vor allem pragmatischer Weg zu mehr Bildung sein – und nebenbei die Jungs von der Straße holen.

Grundvoraussetzung, um Bildungschancen bestmöglich nutzen zu können, ist und bleibt die deutsche Sprache. Sie ist zentraler Bestandteil einer gelingenden Integration, weil gute Deutschkenntnisse nicht nur den Einstieg in die Schule erleichtern, sondern auch bei der späteren Suche nach Ausbildungsplätzen unerlässlich sind. Verbindliche Sprachtests fände ich durchaus sinnvoll, allerdings frühestens bei der Einschulung.

Gerade für Migranten aus Ost- und Südosteuropa ist der Zusammenhang von Sprache, Bildung und einem erfolgreichen, guten Leben alles andere als selbstverständlich – zumindest bei den Armutszuwanderern. Sie haben in ihren Heimatländern oftmals nicht die Erfahrung gemacht, dass höhere berufliche Qualifikationen sich auch in einem höheren Lebensstandard ausdrücken. Das prägt, vor allem wenn es ein weitverbreitetes Phänomen ist und nicht nur Einzelschicksale beschreibt. Gegen die empfundene Hoffnungslosigkeit würden einzelne Erfolgsgeschichten besonders guttun. Deshalb müssen wir geduldig und beharrlich den Weg über alle denkbaren Erziehungs- und Bildungswege gehen, damit die Bereitschaft zunimmt, die Kinder überhaupt zur Schule zu schicken – ein weiteres Argument für Kindergartenpflicht und Ganztagsschulen.

Die Durchsetzung der Schulpflicht sehe ich als wirklich zentral an. Nicht jeder Schulschwänzer wird automatisch zum Kriminellen. Aber fast jeder Krimineller (und vor allem fast jeder Mehrfachtäter) ist beziehungsweise war auch Schulverweigerer – der Zusammenhang ist nicht von der Hand zu weisen.

Wir sollten Bildung aber nicht auf berufliche Ziele beschränken. Besonders für Mädchen aus muslimisch geprägten Familien sollte in Schulen beispielsweise auch Aufklärung über ihre Rechte erfolgen, allen voran über die Gleichberechtigung von Mann und Frau und die Glaubensfreiheit. Wie zuvor erwähnt, wäre ein eigenes Schulfach »Menschenrechte« denkbar.

Es geht nicht darum, das Problem auf die Migranten abzuwälzen nach dem Motto: »Ihr wisst ja jetzt Bescheid, nun ist es euer Bier.« Es geht darum, Hilfe und Unterstützung anzubieten und ganz pragmatisch zu vermitteln, wo und wie diese in Anspruch genommen werden können. Unabhängig von Unterstützungsangeboten für die Kinder sollten ein paar ganz klare Signale an die Eltern gesetzt werden, zum Beispiel die Einführung der Schwimmpflicht und ein Burkini-Verbot sowie die unmissverständliche Ankündigung, dass Verstöße mit saftigen Geldstrafen geahndet werden.

Solche Maßnahmen ließen sich – ähnlich wie die Einhaltung der Schulpflicht und die Verfolgung von Jugendkriminalität – wesentlich einfacher durchsetzen, wenn es eine größere Kooperationsbereitschaft zwischen Schulen, Jugendämtern, Polizei und Justiz gäbe. Gerade bei Kindern und Jugendlichen mit dicker Polizeiakte wäre gegenseitiges Informieren extrem hilfreich – vor allem auch im Hinblick auf die Eltern verhindert »doppelte Buchführung« ein effektives Eingreifen. Hier – ich meine damit jugendliche Straftäter – sollten datenschutzrechtliche Bedenken hinter dem Schutz des Kindes stehen.

Unabhängig von Einzeltätern wäre es an manchen Schulen sicher heute schon angebracht, auf Generalprävention zu setzen, beispielsweise durch Anti-Aggressions-Trainings für komplette Klassenstufen mit absolut verbindlicher Teilnahmepflicht. Davon würden nicht nur die Schüler profitieren, sondern auch Schule und Polizei.

Auch bei der Bedrohung durch Islamisten sind sowohl Präventionsarbeit als auch frühestmögliche Aufklärungsarbeit am besten in Kooperation zwischen Schulen, Jugend-/Sozialeinrichtungen *und* Moscheen durchführbar. Auch die Polizei kann hier natürlich helfen, weil sie gefährdete Jugendliche (mit entsprechender Akte) möglicherweise früher erkennen kann als andere Einrichtungen. In der Praxis zeigt sich aber vor allem, dass durch Jugendarbeit, zum Beispiel in Boxclubs oder anderen Sportprojekten, viel bewegt werden kann.

Wir sollten alle Formen von Kooperationen nutzen, sofern sie uns helfen, bessere Integrationsbedingungen zu schaffen. Es braucht aber auch den Willen, diese zu nutzen. Darauf darf man nicht nur hoffen, das muss man auch einfordern. Wenn wir es zulassen, dass sich Menschen in einer Opferrolle einrichten, und wenn gleichzeitig wenig Bereitschaft vorhanden ist, diese Opferrolle zu verlassen – dann sind auch härtere Erziehungs- und Bildungsmaßnahmen gerechtfertigt. Dazu müssen wir in erster Linie die Eltern in die Pflicht nehmen. Es heißt nicht umsonst Schul*pflicht*. Die muss durchgesetzt werden, im Notfall mit Sanktionen.

Erziehung und Bildung haben natürlich eine mittel- bis langfristige Perspektive und sind unverzichtbare Bausteine für eine gelingende Integration. Sie lösen aber nicht die akuten Probleme. Kurzfristig lässt sich damit nichts erreichen. Da brauchen wir eine möglichst schnell wirkende Medizin beziehungsweise schnell umsetzbare Maßnahmen und Werkzeuge, die die schwerwiegendsten Problemfälle eindämmen. Eine sanfte Linie hilft dabei nicht weiter.

ORIENTIERUNG – KLARE ANSAGEN KONSEQUENT DURCHSETZEN

Bei manchen – aus meiner Sicht bei bereits viel zu vielen – Fällen ist mit Erziehung und Bildung kaum noch etwas zu retten. Der Präventionszug ist hier schon lange abgefahren. Hier hilft nur die harte Linie. Wer seine zweite (oder dritte) Chance nicht nutzt, der muss schmerzhafte Konsequenzen erfahren, sonst ist er verloren. Für sich und für die Gesellschaft.

Die deutsche Polizei, nicht nur in Nordrhein-Westfalen, setzt bislang weiter auf Deeskalation statt auf Durchsetzen.

Der Erfolg hält sich meiner Meinung nach in Grenzen – und viele meiner Kollegen, die auf meinen Leserbrief geantwortet haben, formulieren das ganz ähnlich. Dass der Erfolg der Deeskalationsstrategie übersichtlich ist, wäre noch zu verkraften, es hat sich aber längst eine Art Gegenbewegung in Gang gesetzt, die direkt damit zusammenhängt: Es hat sich herumgesprochen, dass nur geringe Konsequenzen zu befürchten sind, wenn man sich »richtig« verhält. Und das bedeutet zum Beispiel, die »Rassismuskarte« zu spielen. Meine Kollegen und ich hören es jeden Tag, manche stellen schon fast ihre Uhr danach: »Sie kontrollieren mich nur, weil ich Ausländer bin ... weil ich schwarz bin ... weil ich wie ein Araber aussehe.« Die Unterstellung von Rassismus ist nicht zu unterschätzen – und leider viel zu oft wirksam. Sonst wäre sie auch kaum zu einem alltäglichen Phänomen geworden. Egal, ob auf Streife in der Innenstadt, bei Kontrollen auf der Autobahn oder sonst wo, die »Rassismuskeule« ist schnell geschwungen, und die Polizei wird manchmal schon beschimpft, bevor sie ihr Anliegen formuliert hat.

Ich hoffe, es spricht sich bald genauso schnell herum, dass selbst wir diese Strategie durchschaut haben. Das Perfide an der Sache ist, dass der Rassismusvorwurf einer sich selbst erfüllenden Prophezeiung gleichkommt, denn wenn man sich dagegen wehrt, wird das nur als »Beweis« gegen einen angeführt. Das dumme Spiel hat zur Folge, dass viele Beamte tatsächlich entnervt aufgeben. Das darf nicht sein! Wenn selbst bei Routineeinsätzen – wir reden ja nicht einmal über gesuchte Straftäter – die Autorität dermaßen leicht ausgehebelt werden kann, finde ich das nicht mehr akzeptabel. Zum einen verhöhnen diese Menschen Staat und Polizei, zum anderen führt es dazu, dass nicht wenige meiner Kollegen ihren Einsatz auf ein Minimum zurückschrauben, weil sie schlicht und ergreifend keine Kraft mehr haben, sich ständig beschimpfen und auslachen zu lassen.

Respekt muss man sich verdienen. Den zieht man sich nicht einfach mit einer Uniform an. Und Respekt bedeutet auch nicht, dass Bürger Angst vor der Polizei haben sollten. Angesichts der aktuellen Entwicklungen bin ich trotzdem dafür, Respektlosigkeiten als Ordnungswidrigkeit zu ahnden. Ohne eine Handhabe dieser Art dreht sich die Spirale nur weiter.

Und hat sie erst einmal ein paar Umdrehungen hinter sich, sprich: hat man es erst einmal mit Straftätern zu tun, schafft Milde nur neue Opfer. Stattdessen kann man dann nur noch Einhalt gebieten, indem nach dem Ahnden von Ordnungswidrigkeiten weitere ernsthafte Sanktionen erfolgen, von der angemessenen Geldstrafe über Kürzung oder Streichung sämtlicher Hilfen durch den Staat bis hin zu Haftstrafen. Abschreckende Prozesse bis hin zur Ausweisung (wo rechtlich möglich) hätten eine Signalwirkung, die Verhaltensänderungen bewirkt. Das ist die einzige Sprache, die dann noch verstanden wird.

Gewalt erzeugt bekanntlich Gegengewalt, wie sollen da härtere Sanktionen helfen? Führt das nicht nur zu noch weiteren Eskalationen? Das Gegenteil ist richtig: klare Regeln, mit abschreckenden Strafen, die auch tatsächlich umgesetzt werden, und zwar möglichst schnell nach der Tat, damit die Strafe eine Wirkung hat. Durch Eilverfahren und möglichst große Öffentlichkeit wären innerhalb von wenigen Tagen Veränderungen spürbar. Denn wen würde das in der Praxis betreffen? Eine geringe Zahl von Mehrfach- und Intensivtätern, die für einen Großteil der begangenen Taten verantwortlich zeichnet.

Die Möglichkeiten, härter durchzugreifen, gibt es bereits. Die Gesetzeslage gäbe das in vielen Fällen schon her. Allerdings mangelt es an Bereitschaft zum konsequenten Durchgreifen. Bei Richtern genauso wie bei Politikern und teilweise auch bei der Polizei.

Polizeiarbeit ist unmittelbar, wir haben von den staatlichen Einrichtungen oft den direktesten und frühesten Kontakt mit Opfern und Straftätern. Das verlangt in vielen Fällen schnelles Entscheiden, schnelles Handeln. Wenn man dann sieht, wie langwierig die Justizprozesse in den allermeisten Fällen sind, könnte man manchmal verzweifeln.

JUSTIZ – FAIR UND NICHT WENIGER KONSEQUENT

Zwischen Tat und Verhandlung beziehungsweise Urteil liegen oft Monate und Jahre, das ist vor allem bei jungen Straftätern viel zu viel Zeit. Die können sich bei ihrer dicken Akte manchmal wirklich nicht mehr erinnern, was sie da im Einzelfall verbrochen haben.

Viel wichtiger ist aber noch ein anderer Aspekt: Je länger die Justiz braucht, desto länger ist auch die Leidenszeit der Opfer. Deshalb meine Forderung: Wir müssen den Opferschutz viel stärker in unser Bewusstsein stellen, er muss immer Grundlage unserer Arbeit sein. Vor allem bei der Bestrafung haben wir in Deutschland eine starke Täterfixierung. Wir brauchen deshalb wesentlich schnellere Gerichtsverfahren, gerade bei jungen Straftätern. Angesichts des höheren Personalaufwands müssen wir uns auch hier fragen: Welche Kosten sind uns lieber? Was ist uns eine besser funktionierende Gesellschaft, in der sich alle Einwohner sicherer fühlen, wirklich wert?

Wenn ich fordere, dass wir klare Ansagen auch konsequent durchsetzen und den Gestaltungsspielraum bestehender Gesetze ausreizen sollten, dann bedeutet das nicht, dass ich mich für eine generelle Null-Toleranz starkmache, wie sie beispielsweise Bürgermeister Giuliani in den Neunzigerjahren in New York einsetzte oder wie sie heute in einigen asiatischen Metropolen verwendet wird. Trotz teilweise beeindruckender Statistiken bleibt es meist bei einem umstrittenen Erfolg, wenn man bedenkt, dass sich viele Straftaten nicht in Luft auflösen, sondern sich einfach ein paar Kilometer verlagern.

Es gibt allerdings Bereiche, da mache ich mich stark für Null-Toleranz, zum Beispiel bei Paralleljustiz: Das darf nicht sein, da sehe ich auch keinen Raum für Diskussionen oder Kompromisse. Das bestehende deutsche Recht auszuhebeln, die Rechtsprechung zu umgehen und damit auch die Strafverfolgung ad absurdum zu führen dürfen wir nicht als Kavaliersdelikt abtun. Da muss allein schon der Versuch hart bestraft werden.

Wenn sogenannte Friedensrichter – oder wie auch immer sie sich nennen – hier durchzusetzen versuchen, dass die Familie alles und der Staat nichts ist, haben wir es mit einem grundsätzlich anderem Rechtsverständnis zu tun. Das ist nicht vereinbar mit unserem Rechtsstaat. Selbst wenn das Hochhalten und »Pflegen« der Familie im ersten Moment auch nach christlichen Werten und für viele persönlich nachvollziehbar klingt, würde uns das zurück ins Mittelalter führen. Denn in der Praxis hat das nichts mit kuscheligen Familientreffen zu tun, sondern ganz einfach mit dem Recht des Stärkeren. Dagegen müssen wir unseren Staat und unsere Gesellschaft schützen.

Wenn wir keine klaren Ansagen machen oder existierende Ansagen nicht konsequent um- und durchsetzen, dann muss und darf man sich auch nicht wundern, wenn sich jeder nur noch so verhält, wie es ihm gerade in den Kram passt. Schnellere Verfahren einerseits und eine bessere Ausschöpfung der gesetzlichen Möglichkeiten andererseits würden der Polizei die Rückendeckung vermitteln, die sie vonseiten der Justiz oft vermisst. Dazu müssen die Gerichte einerseits entlastet werden, was auch einen Schutz vor Drohungen und Erpressbarkeit umfassen muss. Andererseits helfen die besten Gesetze nichts, wenn man sie nicht anwendet.

Wenn falsch verstandene Rücksicht auf »kulturelle Gepflogenheiten« oder »religiöse Herkunft« zu Urteilen führt, die gegen die Menschenrechte verstoßen, läuft etwas gewaltig aus dem Ruder. Wie zuvor erwähnt, wurden diese Urteile in Deutschland gesprochen. Bei Gewalt in der Ehe, bei Missbrauch der eigenen Tochter und bei Ehrenmorden. Nicht erst in solchen Fällen wäre Kuscheljustiz ein Schuss ins eigene Knie. Mit Sozialarbeitern kommt man dann nicht mehr weiter.

AUSSTATTUNG – HANDLUNGSFÄHIGKEIT STATT SCHWARZE NULL

Natürlich spielt auch Geld bei der Polizeiarbeit eine Rolle, das darf man nicht verschweigen. Das K.-o.-Argument »Wir würden ja gerne mehr machen, aber wir können es uns einfach nicht leisten« hört man auch beim Thema Ausstattung viel zu oft. Fehlentwicklungen werden manchmal erst wahrgenommen, wenn es zur Katastrophe kommt. Dann können es alle Beteiligten kaum fassen, wie das nur passieren konnte, obwohl die Entwicklung direkt vor ihrer Nase stattfand. Bei der fieberhaften Analyse, was bei den Anschlägen von Paris 2015 im Vorfeld alles schiefgelaufen war, kamen viele Untersuchungen zu dem Schluss, dass es vor allem ein Ressourcenproblem gab beziehungsweise gibt. Weder die Polizei noch Sozialarbeiter, weder bisherige Präventionsmaßnahmen noch Überwachungsdienste, die etwas hätten verhindern können, waren gut genug ausgestattet, personell wie finanziell. Exakt dieses Problem haben wir hier in Deutschland auch.

Nordrhein-Westfalen hat nach den Anschlägen von Paris und wegen der Bedrohung durch IS-Rückkehrer beschlossen, Polizei und Verfassungsschutz mit 385 zusätzlichen Beamten zu verstärken (bis 2017, mit einer nicht näher definierten Übergangsphase). Ich will die »neue Qualität der Bedrohung«, die laut Innenminister Jäger zu dieser Entscheidung geführt hat, überhaupt nicht in Abrede stellen. Im Gegenteil, diese Gefahr sehe ich auch. Aber es kann nicht sein, dass wir für die von mir angesprochenen Probleme erst den Kollaps brauchen, bevor sich auch hier etwas bewegt.

Nach Anschlägen fordern viele Parteien eine bessere Ausstattung von Polizei und Verfassungsschutz. Über Anschläge spricht ja auch die ganze Welt, genauso wie über den Islamischen Staat. Über die deutsche Streifenpolizei wird wesentlich weniger berichtet. Dabei gibt es in diesem Bereich viel mehr Straftaten mit viel mehr Opfern.

Ein Gefühl der Sicherheit lässt sich sicher nicht alleine damit herstellen, indem man mehr Polizisten einstellt. Daraus darf aber im Umkehrschluss nicht folgen, dass der Abbau aus Kostengründen weiter vorangetrieben wird. Wir brauchen schlicht und ergreifend mehr Personal, um den beschriebenen Problemen Herr zu werden.

Personal ist das eine – wir müssen aber auch technisch mithalten können. Die Einführung von Bodycams halte ich, wie zuvor erwähnt, für absolut sinnvoll. Sie könnten als Beweismittel für Tathergänge dienen, Polizeiverhalten transparenter machen und präventiv wirken.

Auch beim Thema Vorratsdatenspeicherung sollten wir nicht auf eine Katastrophe warten. Wenn im Verdachtsfall auf Telefonverbindungen und andere Informationen (etwa den Migrationshintergrund) zurückgegriffen werden könnte, wäre das für die Ermittlungsarbeit sowie das Vermeiden weiterer Straftaten oft von großer Hilfe. Die Rechte der Bürger sollen natürlich jederzeit gewahrt werden und können es auch. Für einen günstigeren Handytarif geben jedoch viele Bürger freiwillig wesentlich mehr Daten preis, als für eine bessere Präventionsarbeit und Strafverfolgung nötig wäre.

Gerade beim Thema Herkunftsländer beziehungsweise Migrationshintergrund von straffälligen Personen stellt sich die Politik gegen die Erfassung quer. Angesichts bestehender Parallelgesellschaften und Phänomenen wie Friedensrichtern ist diese Verweigerungshaltung kaum noch nachvollziehbar. Es wäre nicht nur für die Statistik, sondern vor allem für die praktische Arbeit wesentlich sinnvoller, wenn sowohl Staatsangehörigkeit als auch Migrationshintergrund erfasst würden.

Mir ist natürlich klar, dass man nicht einfach die Gelddruckmaschine anwerfen kann, und alles ist gut. Warum man aber sehenden Auges beim Thema Integration den Aspekt der Sicherheit mehr oder weniger ignoriert oder gering schätzt, will mir nicht einleuchten. Hier wird von den betroffenen Organen und Einrichtungen ganz bewusst »Mut zur Lücke« verlangt. Deren dennoch guter Arbeit und einer großen Portion Dusel ist es zu verdanken, dass in Deutschland noch nichts Schlimmeres passiert ist. Dauerhaft hohe Arbeitsbelastung plus Hoffen auf Glück ist meiner Meinung nach aber kein erfolgversprechendes Modell mit Zukunft!

ZIVILCOURAGE – HINSEHEN STATT WEGSEHEN

Leider fiel das Wort »Zivilcourage« in den vergangenen Jahren in der breiten Öffentlichkeit fast ausschließlich mit dem Zusatz »teuer bezahlt«. Solche Formulierungen sind aber nicht allein einer sensationslüsternen Presse zuzuschreiben. Dass Menschen mit Zivilcourage schwer verletzt oder gar getötet wurden, weil sie dazwischengegangen sind, spiegelt für mich die tatsächliche Situation auf der Straße wider.

Einschüchterungen, Drohungen und tätliche Gewalt sind an der Tagesordnung. Ganz sicher fördern sie die wachsende Gleichgültigkeit der Gesellschaft, das Wegsehen in Notsituationen, die Angststarre und im wahrsten Sinne des Wortes Hilflosigkeit. Aber auch wenn es eine Phrase ist: Angst ist ein schlechter Berater. Deshalb bleibt mir abschließend nur ein Appell, den sich jeder von uns zu Herzen nehmen sollte.

Helfen Sie Schwächeren und Hilfsbedürftigen. Schauen Sie nicht weg, wenn Sie einen alten Menschen sehen, der hilflos am Straßenrand steht. Fragen Sie, ob mit ihm alles in Ordnung ist und ob er Hilfe braucht.

Schauen Sie nicht weg, wenn eine Frau von einem Mann bedrängt wird. Gehen Sie dazwischen oder sprechen Sie andere Menschen an und bitten um Mithilfe. Aber versuchen Sie stets, das Risiko für sich selbst richtig einzuschätzen. Erscheint es Ihnen zu hoch, rufen Sie die Polizei zu Hilfe. Eigensicherung geht im Zweifel vor.

Hören Sie nicht weg, wenn es zu staatsfeindlichen oder rassistischen Äußerungen kommt. Konfrontieren Sie diese Personen unmissverständlich, aber nicht aggressiv. Wenn Sie befürchten, sich dadurch selbst zu gefährden, informieren Sie die Polizei, erstatten Sie Anzeige. Zeigen Sie, dass sich nicht die ganze Gesellschaft aus Angst wegduckt.

Die wenigen Minuten Ihres Lebens, die Sie dafür nutzen, sind keine verschwendete Zeit. Im Gegenteil: Sie machen aus der Gesellschaft eine bessere und tragen so zu mehr Sicherheit in diesem Land bei – auch wenn der Weg lang ist. Schreitet niemand ein, erlauben sich die Täter immer mehr, da sie ja von Unbeteiligten nichts zu befürchten haben. Das darf nicht passieren, es wäre ein völlig falsches Signal.

NACHWORT

Wen interessiert schon die Meinung einer in Deutschland geborenen Griechin, die bei der deutschen Polizei arbeitet? Das habe ich mich beim Schreiben manchmal selbst gefragt. Es haben schon andere über das Thema Bücher geschrieben – ohne dass sich dadurch viel geändert hätte. Ja, ich habe auch Zweifel, ob der Schritt in die Öffentlichkeit wirklich etwas bewirken wird.

Ich hoffe dennoch, dass ich eines klarmachen konnte: Vorurteile helfen uns genauso wenig weiter wie Freifahrtscheine; Pauschalverurteilungen so wenig wie blinde Freisprüche oder das Verschließen unserer Augen vor der Realität. Nicht bei einem so gravierenden Problem! Jeder fünfte in Deutschland lebende Mensch hat einen Migrationshintergrund, allein diese Tatsache sollte verdeutlichen, dass das Thema nicht nur eine kleine problematische Minderheit betrifft, sondern die ganze Gesellschaft.

In einer offenen Gesellschaft herrscht Meinungsfreiheit. Wenn ich in diesem Buch meine Gedanken und meine Meinung geäußert habe, wenn ich teilweise auch unverblümt Kritik geübt habe, dann bedeutet das keine Kriegserklärung, es bedeutet keine Blasphemie, es bedeutet keine Beleidigung oder einen sonstigen Angriff unter die Gürtellinie. Schon gar keinen Rassismus.

Meine Kritik, meine Hilferufe, meine Forderungen sollen zum Nachdenken anregen. Mindestens. Ich erhoffe mir darüber hinaus eine Diskussion, zu der ich konstruktive Vorschläge beitragen wollte und auch weiterhin will. Und bei aller Liebe für Diskussionen und Debatten – ich hoffe, ich kann am Ende einen kleinen Beitrag zu tatsächlichen Verbesserungen leisten: zu mehr Respekt untereinander, nicht nur gegenüber mir oder der Polizei, sondern in der ganzen Gesellschaft. Nicht nur zum »Tag des Ehrenamtes« oder während der »Interkulturellen Woche«, sondern jede Woche, jeden Tag.

Die sanfte Tour bringt bei den echten Problemen, die ich Tag für Tag beobachten kann, überhaupt nichts. Das ist meine traurige Erfahrung, die ich in diesem Buch mit Ihnen geteilt habe. Härte und Druck sind sicher nicht überall eine Dauerlösung – schon gar nicht, wenn sich dadurch Druck und Gegendruck nur immer weiter hochschaukeln. Die Frage ist also, wo man die Grenzen ansetzen soll, was kurzfristig Abhilfe verschafft, was dauerhaft hilfreich ist. Dabei werden in der Praxis Fehler passieren, das ist klar. Es deshalb zu unterlassen wäre aber ein noch viel größerer Fehler.

Mir ist bewusst, dass ich mit meiner klaren Meinung einige Leser verschrecke und so manchen Sozialromantiker verärgere. Eine strikte Linie zu fahren wirkt für einige gleich verdächtig reaktionär, überheblich, vielleicht sogar arrogant oder diskriminierend. Denn wir wollen ja alle immerzu politisch korrekt bleiben und bloß nichts Falsches sagen. Das ist leider ein weitverbreitetes deutsches Mentalitätsproblem. Doch wenn man sich mit der Thematik näher auseinandersetzt, muss man feststellen, dass die harte Linie, und vor allem die Gewalt, eigentlich von der anderen Seite kommt. Mit dieser Gewalt müssen wir die Täter konfrontieren.

Mir ist ein offenes Visier jedenfalls lieber als Scheinheiligkeit. Wenn es um wichtige Themen geht, um Entscheidungen, die unser Zusammenleben ganz grundsätzlich betreffen und beeinflussen, dann dürfen wir nicht die Augen vor den angesprochenen Problemen verschließen. Wir müssen sie offen ansprechen. Immer wieder.

Wir dürfen gleichzeitig nicht vergessen, was uns wichtig und wertvoll ist für ein funktionierendes Miteinander – und müssen dafür kämpfen! Gesellschaftliche Teilhabe, Solidarität, Akzeptanz kultureller Vielfalt, Achtung geltenden Rechts, sozialer Frieden, Abbau von Vorurteilen. Nur so ist ein gutes Miteinander möglich, ein lebenswertes Leben.

Wir werden so schnell kein Paradies auf Erden schaffen, wahrscheinlich sogar nie. Aber wir sollten es trotzdem versuchen, jeden Tag, auch wenn das etwas pathetisch klingt. Ich fordere von uns allen auch nicht, von heute auf morgen Wunder zu vollbringen. Ein kleiner Schritt reicht vollkommen, ein größerer schadet aber natürlich auch nicht. Vielleicht ist der erste der schwierigste. Aus meiner Erfahrung als Streifenpolizistin weiß ich, dass viele Bürger, ob nun sogenannte Biodeutsche oder Menschen mit Migrationshintergrund, ihn erst noch gehen müssen. Und deshalb richten sich meine Wünsche und Forderungen, meine Vorschläge und mein Appell, der von diesem Buch ausgehen soll, vor allem an sie, die »Respektverweigerer«, denen ich täglich begegne: Ich verlange nicht mehr als Respekt vor meiner Person und die Achtung meiner Würde als Mensch. Denn dies ist für mich der Boden, auf dem die vielbeschworene Toleranz, das Verständnis füreinander und die gegenseitige Akzeptanz erst wachsen können.

DANK

Als Erstes möchte ich dem Piper Verlag, seinem Verleger Marcel Hartges und allen Mitarbeitern danken, die mich auf dieser spannenden Reise begleitet haben. Danke, dass ich als Autorin tätig werden und dieses Buch schreiben durfte.

Der größte Dank gebührt meiner Lektorin Kristin Rotter. Ich danke dir von Herzen, liebe Kristin: Hättest du nicht über mich gelesen und die Idee gehabt, mich zu kontaktieren, wäre dieses Buch nie zustande gekommen. Unsere Zusammenarbeit empfand ich als überaus vertrauensvoll und konstruktiv. Du hast meine Gedanken und Texte an schwierigen Stellen verständlich gemacht und an den richtigen gefeilt. Danke! Besonders danken möchte ich auch Simone Seitz von der Presse- und Öffentlichkeitsarbeit des Verlags. Danke, liebe Simone, dass du dich fürsorglich um vieles gekümmert, Kontakte geknüpft und mich bei dem Gang in die Öffentlichkeit beispielhaft begleitet hast.

Dann möchte ich Steffen Geier herzlich danken. Als Koautor hat er meine Gedankengänge richtig interpretiert, meine Texte an der richtigen Stelle platziert, ein Grundgerüst gefertigt und so dem Buch einen roten Faden gegeben. Danke, Steffen, für die gemeinsame Arbeit, die Gespräche, die wir geführt haben, und die Zeit, die du dir genommen hast. Ohne dich wäre das Buch nicht so leserlich geworden.

Des Weiteren gilt ein ganz besonderer Dank Arnold Plickert. Lieber Adi! Wärst du nicht auf die Idee gekommen, mich zu der Podiumsdiskussion auf dem Landesdelegiertentag der GdP NRW in Dortmund einzuladen, wäre mein Brief nicht erneut durch die Medien gegangen und hätte den Piper Verlag vermutlich nie erreicht. Danke für die Unterstützung, die Gespräche und die Antworten, die du stets parat hattest.

An dieser Stelle ist es passend und angebracht, meinen Kollegen von der Gewerkschaft der Polizei zu danken, von denen ich jederzeit tatkräftige Unterstützung erfahren habe. Nennen möchte ich vor allem Rüdiger Holecek aus Berlin, den Chefredakteur der Zeitschrift *Deutsche Polizei,* in der mein Brief und alle weiteren veröffentlicht wurden. Ebenso danke ich Michael Zielasko aus Berlin, Stephan Hegger aus Düsseldorf und Holger Richter aus Bochum.

Dem Ministerium für Inneres und Kommunales des Landes Nordrhein-Westfalen danke ich aufrichtig für die freundliche und hilfreiche Unterstützung, besonders Herrn Minister Ralf Jäger.

Meiner Bochumer Polizeipräsidentin Diana Ewert gebührt großer Dank. Als Behördenleiterin hat sie mich vorbildlich unterstützt und zu mir gehalten, was nicht selbstverständlich war. Sie als Rückhalt zu haben hat mir bei diesem Vorhaben sehr geholfen und mich bestärkt.

Danke an meinen Leiter Gefahrenabwehr/Einsatz Herrn Martin Jansen für seine Unterstützung und die angebotene Hilfe. Auch er nahm sich für mein Anliegen Zeit. Ihn als Beistand zu haben ermutigte mich zusätzlich.

Die größte Stütze in meiner Bochumer Behörde war (und ist) mein Polizeiinspektionsleiter Ulrich Grzella, der mich seit der Veröffentlichung meines Briefes und dem einhergehenden Rummel intensiv begleitet hat. Lieber Herr Grzella, danke für die vielen Gespräche, Ihre hilfreichen Ratschläge und Ihre offene Meinung. Sie hatten immer ein offenes Ohr für mein Anliegen. Dank Ihnen konnte ich den Weg einschlagen, den ich als den richtigen empfand, und die richtigen Entscheidungen zur richtigen Zeit treffen. Sie nahmen mir meine Sorgen und Ängste. (Der alte K-Grundsatz »Ruhe bewahren, Trampelpfad anlegen« hat mich wirklich beruhigt.) Danke von ganzem Herzen!

Meiner Dienstgruppenleiterin Judith Pavel bin ich dankbar, dass sie mir mit ihrer Sachkenntnis bei den Texten zur Seite stand, welche nach meinem »Brandbrief« in der Zeitschrift *Deutsche Polizei* erschienen. Nicht vergessen sind auch die vielen Gespräche, die ich mit ihr während der Entstehung dieses Buches führen durfte.

Ich danke den Kollegen meiner Bochumer Pressestelle. Mein besonderer Dank gilt dabei dem Leiter der Pressestelle Axel Pütter: Lieber Axel, du warst mir stets eine Stütze. Nicht nur deine Erfahrungen als langjähriger Kollege, sondern auch die als ein Autor, der selbst schon ein Buch verfasst hat, halfen mir sehr. Danke für deine Ratschläge und deine Begleitung! Auch Guido Meng und Volker Schütte bin ich dankbar für ihr Engagement.

Erwähnen möchte ich darüber hinaus meine erste

Dienstgruppe in Ratingen, die mich in die »richtige« Polizeiarbeit auf der Straße einführte. Durch die Kollegen dieser Dienstgruppe, ganz besonders meinen Tutor Lars Golder und den damaligen Dienstgruppenleiter Frank Bauernfeind, lernte ich, was Teamwork, Kollegialität, Menschlichkeit und respektvoller Umgang mit den Bürgern und untereinander heißt. Diese Dienstgruppe hat mich maßgeblich geprägt und mir den Weg in der Polizei geebnet. Danke!

Ich danke meinen Eltern, insbesondere meiner Mutter: Hätte sie nicht in den vergangenen Jahren so geduldig meine dienstlichen (nicht zuletzt auch die negativen) Erlebnisse mit mir geteilt, hätte ich vermutlich längst resigniert. Als meine persönliche »Psychotherapeutin« gab und gibt sie mir nach wie vor Kraft. Σ΄ευχαριστώ μαμά! Auch danke ich meinen anderen Familienmitgliedern (mein »Γειααα«/»Nein, nein«), die mir beigestanden und mich bestärkt haben.

Liebe Şükran. Ich danke dir für deine Freundschaft, die mein Leben positiv bereichert hat. Du bist meine Schwester geworden, und es ist schön, einen Menschen wie dich zu haben. Dein Balıkkafa!

Regina und Ecki. Ich danke euch, dass ihr zu meiner Familie wurdet. Ich kann gar nicht aufzählen, was ihr alles für mich getan habt. Deshalb einfach nur ein großes Danke! Obwohl: Etwas muss ich doch ganz besonders hervorheben. Danke für das Moppelchen!

Auch euch, Renate und Uli, möchte ich danken. Ihr wurdet nicht weniger Teil meiner Familie. Ich bin dankbar, Menschen wie euch begegnet zu sein.

Den Bürgern gilt ebenfalls mein großer Dank. Vielen Dank an alle, die mich außerordentlich unterstützt und mich in Schutz genommen haben, wenn Personen meine Meinung verfälschen oder instrumentalisieren wollten. Die positiven und aufmunternden Worte zu lesen taten gut. Auch der Blumenstrauß (einer seit Langem) bereitete mir große Freude.

Schließlich sei den Verantwortlichen des Museums Haus der Geschichte in Bonn für die Wechselausstellung »Immer bunter. Einwanderungsland Deutschland« gedankt. In dieser Ausstellung, welche ich im März 2015 besuchte, wurde mein Brief in der Gewerkschaftszeitung als Exponat präsentiert. Ich empfinde es als große Ehre, Teil dieser wichtigen Ausstellung geworden zu sein.

Zum Schluss möchte ich allen meinen Kollegen danken. Aus Bochum, aus NRW, aus den anderen Bundesländern und über die Grenzen der Bundesrepublik hinaus. Ich habe nicht mit einer so positiven und enormen Resonanz gerechnet. Nie hätte ich mir träumen lassen, dass mein Brief ein solches Echo finden würde! Ihr habt mich mit euren Gesprächen, E-Mails und Lesermeinungen unterstützt, mir beigestanden und die Kraft und den Mut gegeben, das Buch zu schreiben. Dafür danke ich euch und hoffe, mein Buch trägt dazu bei, unser aller Anliegen zu fördern: ein friedliches und respektvolles Miteinander zwischen Polizei und Bürgern, zwischen Deutschen und Nichtdeutschen, zwischen uns Menschen, die wir in diesem Land leben.

ANHANG

MEIN LESERBRIEF

(erschienen in *Deutsche Polizei, Zeitschrift der Gewerkschaft der Polizei* im November 2013, S. 2/3)

Lesermeinung zu: »Paralleljustiz in Deutschland«, in: DP 10/13

Wie sieht die Zukunft in Deutschland aus, wenn straffällige Migranten sich (weiterhin) weigern, die Regeln in ihrem Gast- beziehungsweise Heimatland zu akzeptieren? Ich arbeite im Streifendienst in Bochum. Als Griechin in Deutschland geboren und aufgewachsen, ging ich nach dem Abitur zur Polizei. Mittlerweile habe ich zehn Dienstjahre hinter mich gebracht. Ich möchte mir auf diesem Weg Luft machen, Klartext reden und meine Erfahrungen mitteilen. Dabei rede ich von den straffälligen Migranten und nicht von den vielen anderen, welche, wie ich, Deutschland als Heimatland sehen und an der Gesellschaft positiv teilhaben.

Wie die meisten Ruhrgebietsstädte weist auch Bochum einen hohen Anteil an Migranten, insbesondere in der Innenstadt, auf. Meine Kollegen und ich werden täglich mit straffälligen Migranten, darunter größtenteils Muslimen (Türken, Araber, Libanesen usw.) konfrontiert, welche nicht den geringsten Respekt vor der Polizei haben. Dabei fängt die Respektlosigkeit bereits im Kindesalter an.

Man wird täglich auf der Straße beleidigt, wenn man zum Beispiel Präsenz zeigt. Im Einsatz ist ein Gespräch in einem ruhigen Tonfall oft unmöglich. Insbesondere habe ich als weibliche Migrantin mit den meisten Migranten mehr Probleme als meine deutschen Kollegen. Die ausländischen Bürger sehen mich meistens als eine von ihnen und somit als Verräterin an. Entweder sie würdigen mich nicht eines Blickes oder sprechen mich in ihrer Sprache an, um in der Regel einen Sympathiebonus zu gewinnen. Und täglich wird mir mehrfach die Frage gestellt: Sind Sie Türkin? Es spielt keine Rolle, welche Nationalität ich als Polizeibeamter/in habe. Der respektvolle und korrekte Umgang mit dem Bürger zählt. Sonst nichts.

Für mich ist es schwierig, da ich tagtäglich diese Machtkämpfe führen muss und nicht selten dabei laut werde, um mir Respekt zu verschaffen. Erst wenn diese Kämpfe ausgefochten werden und man respektloses Verhalten unterbindet, kann man das (noch relativ gute) Ansehen und den Ruf der Polizei erhalten.

Ich kenne nicht wenige Kollegen, die für diese Machtspielchen keine Kraft mehr haben, da sie an jeder Straßenecke stattfinden. Den Stress, den ich im Einsatz mit straffälligen Migranten habe, nehme ich nicht selten mit nach Hause. Auf Dauer kann so was nur zu einer körperlichen und/oder seelischen Erkrankung des Organismus führen.

Ein Beispiel: Vor Kurzem fuhr ich mit einer Kollegin zu einem Hilfeersuchen. Anrufer war ein Türke. Als er uns zwei Frauen sah, wurde er laut und sprach mich in einem unfassbar unangebrachten Ton an, ich sollte gefälligst herkommen. Daraufhin entgegnete ich, ich könnte auch wieder fahren, und er sagte, ich sollte dies tun. Ich meldete das Verhalten des Bürgers der Leitstelle. Zeitgleich rief dieser dort an und wünschte nur männliche Polizisten. Die Leitstelle hielt mit uns Rücksprache, und wir waren uns einig, dass wir erneut hinfahren würden. Bei gleichem Verhalten des Bürgers wäre für uns der Einsatz erledigt gewesen. So kam es dann auch. Der Bürger sah uns und schrie uns patzig an. Somit Einsatzende. Richtig so.

Meine deutschen Freunde und Kollegen äußern oft, dass sie sich in ihrem eigenen Land nicht mehr wohlfühlen. Das kann ich bestätigen, da ich als Migrantin mich aufgrund der Überzahl ausländischer Straftäter in vielen Stadtteilen auch nicht mehr wohlfühle. Meine deutschen Kollegen scheuen sich, ihre Meinung über die straffälligen Ausländer zu äußern, da sofort die alte Leier mit den Nazis anfängt. Aufgrund der schrecklichen Kriegsverbrechen ist das Land vorbelastet. Das ist jedoch kein Grund, den straffälligen Ausländern hier in Deutschland alle Freiheiten zu lassen.

Man muss vorwärts schauen. Die gegenwärtige deutsche Bevölkerung kann genauso wenig etwas für die Ermordung durch die Nationalsozialisten im Zweiten Weltkrieg, wie ich etwas für die Krise in Griechenland kann.

Die Polizei wird immer hilfloser. Einzelne Beamte können Grenzen setzen, aber ohne Rückhalt der Politik oder Gerichte werden diese mehr und mehr fallen.

Die Geschehnisse, die Kollegen oder Medien berichten (zum Beispiel: Streifenwagenbesatzung fährt langsam und wird durch Migranten in Berlin verprügelt), sind unfassbar. Es kann nicht sein, dass wir als Polizeibeamte kaum mehr Rechte haben und fürchten müssen, bei jeder rechtmäßigen (!) Maßnahme, bei der wir uns gegenüber straffälligen Migranten durchsetzen müssen – sei es auch mit körperlicher Gewalt –, sanktioniert zu werden. Es kann nicht sein, dass solche Menschen, die das Grundgesetz nicht achten und eine (illegale) Parallelgesellschaft – die in jeder Hinsicht autark ist – geschaffen haben, hier tun und lassen können, was sie wollen, weil sie nicht auf den deutschen Staat angewiesen sind.

Wo sind wir mittlerweile gelandet? Ist es schon so weit gekommen, dass die deutsche Polizei beziehungsweise der Staat sich (negativ) anpassen muss und wir unsere demokratischen Vorstellungen in gewissen Lebens-/Einsatzsituationen einschränken oder aufgeben müssen?

Ein Freund von mir war in Australien im Urlaub. Dort lernte er die Devise »love it or leave it« kennen. Mit anderen Worten, wenn's dir nicht gefällt: auf Nimmerwiedersehen. Meiner Meinung nach kann man dem nur Einhalt gebieten, indem ernsthafte Sanktionen erfolgen (zum Beispiel angemessene Geldstrafe, Kürzung oder Streichung sämtlicher Hilfen durch den Staat, Gefängnis). Eine »sanfte Linie« bringt nach meiner Erfahrung nichts.

Wenn die oben genannten Sanktionen nicht ausreichend sind, bleibt nur noch die Ausweisung. Denn in die Herkunftsländer möchte kaum einer zurück, da dort die Lebensbedingungen oft mangelhaft und nicht mit der hiesigen staatlichen Unterstützung zu vergleichen sind.

LITERATUR

Hamed Abdel-Samad, *Der islamische Faschismus: Eine Analyse*, München 2014

Seyran Ateş, *Der Multikulti-Irrtum. Wie wir in Deutschland besser zusammenleben können*, Berlin 2007

Güner Yasemin Balcı, *Arabboy. Eine Jugend in Deutschland oder Das kurze Leben des Rashid A.*, Frankfurt am Main, 2008

Güner Yasemin Balcı, *ArabQueen oder Der Geschmack der Freiheit*, Frankfurt am Main, 2010

Güner Yasemin Balcı, *Aliyahs Flucht oder Die gefährliche Reise in ein neues Leben*, Frankfurt am Main, 2014

Ralf Bongartz, *Nutze deine Angst. Wie wir in Gewaltsituationen richtig reagieren*, Frankfurt am Main 2013

Heinz Buschkowsky, *Die andere Gesellschaft*, Berlin 2014

Heinz Buschkowsky, *Neukölln ist überall*, Berlin 2012

Kirsten Heisig, *Das Ende der Geduld. Konsequent gegen jugendliche Gewalttäter*, Freiburg 2010

Bernard Lewis, *Die Wut der arabischen Welt. Warum der jahrhundertelange Konflikt zwischen dem Islam und dem Westen weiter eskaliert*, Frankfurt am Main 2003

Andreas Müller, *Schluss mit der Sozialromantik! Ein Jugendrichter zieht Bilanz*, Freiburg 2013

Thilo Sarrazin, *Deutschland schafft sich ab. Wie wir unser Land aufs Spiel setzen*, München 2010
Joachim Wagner, *Richter ohne Gesetz. Islamische Paralleljustiz gefährdet unseren Rechtsstaat*, Berlin 2011